프리저브드 플라워
PRESERVED FLOWER

BM 성안당

프리저브드 플라워

일상을 아름답게 피우는 꽃에 꽂히다

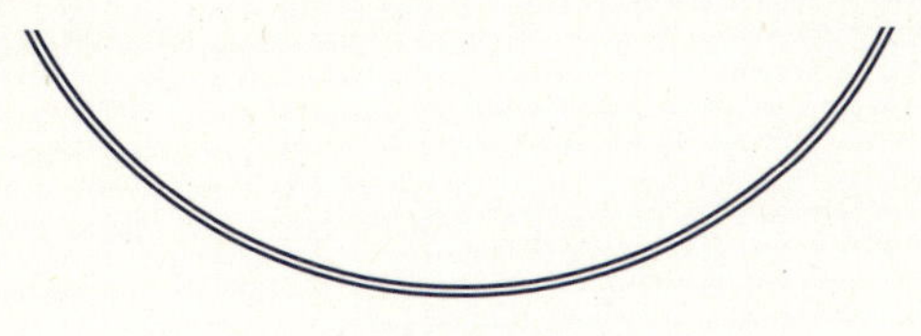

이주희 지음

BM 성안당

누구나 쉽게 따라 할 수 있는 플라워 콘텐츠를 꿈꾸며

보는 것만으로도 사람을 기분 좋게 만드는 특별함을 가진 것, 저는 바로 '꽃'이라고 생각해요. 아침에 눈을 뜨면 보이는 창가의 꽃 한 송이, 소파 옆 테이블의 다소곳한 꽃장식, 공간을 풍요롭게 만들어주는 테이블의 작은 센터피스. 꽃은 일하고, 즐기고, 생활하는 모든 공간에 생기를 불어넣는 특별한 것이죠.
이렇게 특별한 꽃이 요즘은 우리의 일상 속으로 더 깊숙이 들어왔습니다. 플라워 카페, 꽃 자판기, 작은 플리마켓 등 주변에서 항상 볼 수 있는 아이템이 되어 이제 꽃은 특별한 날이 아니어도 가벼운 마음으로 다가갈 수 있는 어렵지 않은 존재가 되었음을 느낍니다.

꽃이 가장 아름답게 피었을 때 특별한 공정을 거쳐 생화의 질감과 색감을 살려 오래 지속되고 시들지 않게 만든 '프리저브드 플라워'는, 저에게 특히나 매력적으로 다가왔습니다. 이것이 바로 내가 가장 잘 할 수 있는 것이라는 확신이 든 순간 바로 프리저브드 플라워를 시작하였고, 얼마 지나지 않아 새롭게 바뀌는 꽃시장의 움직임을 보며 내 확신이 틀리지 않았다는 것을 느끼게 되었죠.
나날이 인기가 높아지는 것을 보며 좀 더 제대로 정착하고 성장할 수 있도록 돕는 체계적인 모임이 있으면 좋겠다는 마음이 점점 커졌고, 현실적인 플라워 콘텐츠를 구축하고 싶다는 사명감까지 들었습니다. 이러한 생각이 행동으로 이어져 마침내 2015년 한국컬러플라워이미지협회(KCFIA 협회)를 열게 되었습니다.

더 나아가 꽃이 더 이상 전문가의 영역이 아니라 보다 많은 사람들이 즐길 수 있는 일상이길 바라게 되었습니다. 누구나 쉽게 따라 할 수 있는 플라워콘텐츠를 만들어 보고 싶었죠.

지난 겨울, 출판사의 제안을 받아들여 계약을 하였습니다. 육아와 수업을 병행하면서 원고를 쓰고 사진과 영상 촬영을 하는 일이 결코 쉽지 않았어요. 하지만 처음 생각했던 확신과 결심을 다지면서 제가 좋아하는 프리저브드 플라워 이야기를 담은 책과 영상을 완성할 수 있었습니다.
새로운 일을 시작한다는 것은 누구에게나 두려운 일이죠. 제가 그랬던 것처럼요. 플라워를 인생의 제2막으로 여기는 분, 터닝포인트가 필요한 분들에게 작은 도움이 되었으면 하는 바람입니다.

마지막으로 좋은 기회를 준 《감성집밥》 저자 김정미 님, 컬러 배색 정지혜 선생님, 윰윰 디자인 안유미 대표, DRESS BON 최송이 대표와 무한사랑과 믿음으로 지원해주는 우리 엄마, 아빠, 나의 분신 은지와 서윤이, 항상 날 지지하고 응원해주는 내 편, 가족과 지인들 모두 고맙고 사랑합니다.

저자 이주희

CLASS 3

프리저브드 플라워
만드는 시간
050

PRESERVED FLOWER

프리저브드 플라워
준비하는 시간

기본도구

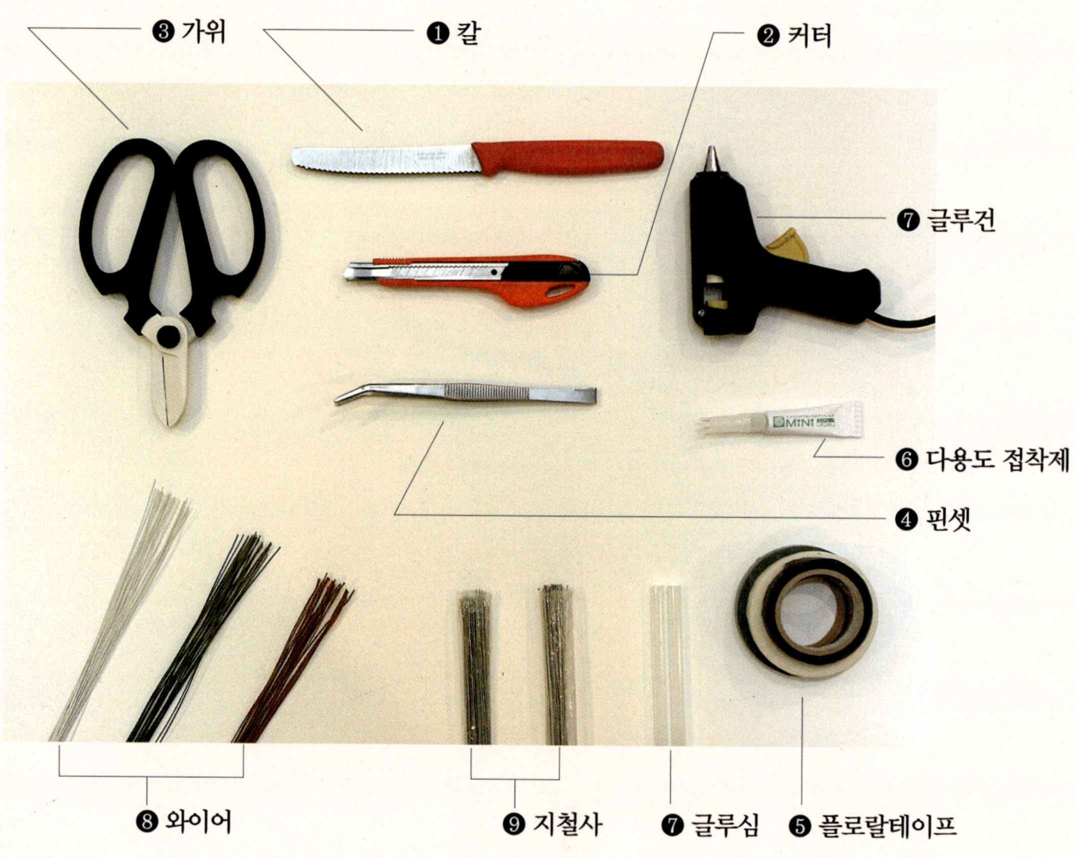

❶ **칼** 화기의 베이스인 오아시스 (우레탄)를 자를 때 사용한다. 빵칼을 사용해도 좋다.

❷ **커터** 섬세하게 오아시스(우레탄)를 자를 때 사용한다. 대형커터(빵칼)도 사용할 수 있다.

❸ **가위** 꽃, 와이어, 리본 등의 소재를 사용할 때 쓰인다.

❹ **핀셋** 꽃이나 소재를 꽂을 때나 꽃을 피울 때 사용한다.

❺ **플로랄테이프** 와이어 작업한 소재의 줄기를 감싸기 위해 사용하는 종이테이프이다. 신축성 있는 종이 재질의 접착 테이프로, 길게 늘여 잡아당겨 사용해야 접착력이 강해지면서 잘 붙는다. 녹색, 연두색, 갈색, 흰색 등의 제품이 있어 각 소재의 색상에 맞춰서 사용한다.

❻ **다용도 접착제** 글루를 사용하지 못할 경우 꽃잎을 붙이거나 꽃을 피울 때 사용한다.

❼ **글루건·글루심** 오아시스, 우레탄 등의 베이스 접착과 꽃잎을 붙이는 용도로 사용하며, 온도가 매우 높아 화상을 입을 수 있으므로 안전에 주의한다. 또한 장시간 사용하거나 작업 중 잊어버리는 경우에 화재의 위험이 있으므로 되도록 짧은 시간 사용하도록 한다.

❽ **와이어** 프리저브드 플라워의 줄기를 만들 때 사용하며, 주로 22호와 24호를 많이 사용한다. 꽃과 소재에 와이어 작업을 할 때 와이어에 찔리는 경우가 있으니 주의한다.

❾ **지철사** 녹색, 흰색, 갈색 종이가 감겨있는 철사로 재료를 묶거나 고정할 때 사용하며, 상품 제작시 빠른 작업을 위해서나 그린 소재를 와이어링 할 때 많이 사용한다. 지철사는 주로 22, 23, 27호를 많이 사용한다.

화기 베이스 세팅법

1

화기의 면적에 알맞게 오아시스(우레탄)를 자른다. 화기 뒷부분을 대어 대략의 면적을 가늠해본다.

2

화기에 맞게 모서리 부분을 잘라준다. 화기의 면적보다 약간 넉넉하게 잘라 살짝 눌러 들어갈 수 있는 정도의 크기가 적당하다.

3

오아시스가 화기 안으로 1cm 정도 들어가게 손으로 살짝 눌러 넣어준다.

4

오아시스와 화기가 맞닿는 부분에 글루 처리를 하여 화기에서 움직이지 않도록 고정시켜 마무리한다.

Tip

우레탄과 오아시스

프리저브드 플라워 작품을 만들 때 사용되는 우레탄은 폴리우레탄 성분에 발포성 재료가 혼합되어 제조되는 비흡수성 폼이다. 건조시킨 재료나 인조재료 장식에 사용되는 폼은 연화된 조직으로 줄기 삽입이 쉽고 부서지지 않으며, 고정성이 뛰어나다. 단단하게 와이어를 고정할 수 있어 프리저브드 플라워 어렌지의 베이스용으로 적합하다. 또한 와이어를 꽂을 때 잡아주는 힘, 다시 뺏다 꽂아도 구멍이 나지 않는다는 점과 형태가 고정되어있어 작업할 때 용이하다. 반대로 가루 날림이 심하여 눈이나 호흡기에 들어갈 수 있으니 우레탄 작업을 할 때는 마스크를 쓰거나 통풍이 잘되는 곳에서 하는 것이 좋다. 요즘은 우레탄보다 가루 날림이 적고 가격도 저렴한 오아시스를 자주 사용하는 편이다.

와이어 기법

와이어 기법은 꽃이나 줄기, 잎 등을 받치고 고정하거나, 길이 형태를 조절하기 위해 철사를 처리하는 기법이다.

크로싱 기법(십자형 찔러 구부리기, *crossing method*)

꽃받침 부분이 발달한 도톰하고 단단한 꽃 종류에 옆으로 찔러 고정하는 기법이다. 꽃받침 기부에 와이어를 관통시켜 찔러 두 가닥을 구부린다. 와이어가 굵은 것일 때는 양쪽의 길이를 다르게 구부려 한쪽만 길게 내려오게 한다.

1	2
	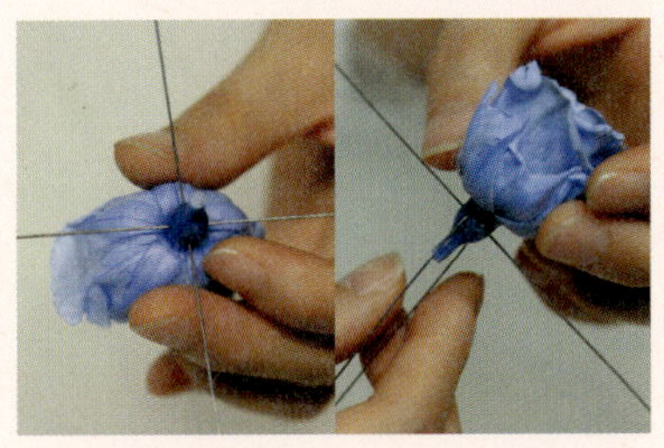
꽃받침을 잡고 22번 와이어를 일자로 꽂아준다.	반대쪽에도 한 개 더 꽂아 십자 모양을 만든다.

3	4
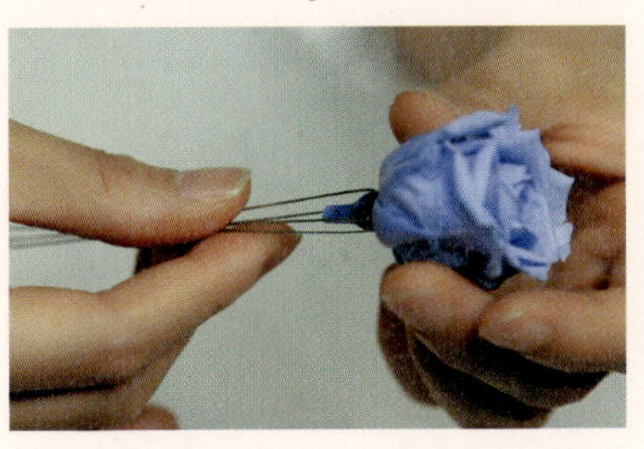	
아래 줄기에 두 개 와이어를 십자로 찔러서 각각 두 가닥이 되도록 구부린다.	와이어를 모아준 다음 플로랄테이프를 잡아당기듯 감아 줄기를 만든다.

헤어핀 기법(U자형 머리핀 만들기, *hair-pin method*)

와이어를 머리핀 모양 U자형으로 구부려 양쪽 끝의 길이를 같게 한 다음, 잎 또는 꽃잎에 걸치거나 찔러 넣어 지탱하는 방법이다. 그린 소재나 식물재료의 길이를 연장할 때 많이 이용한다.

1

24번 와이어를 구부려 잎 소재 줄기 부분에 대준다.

2

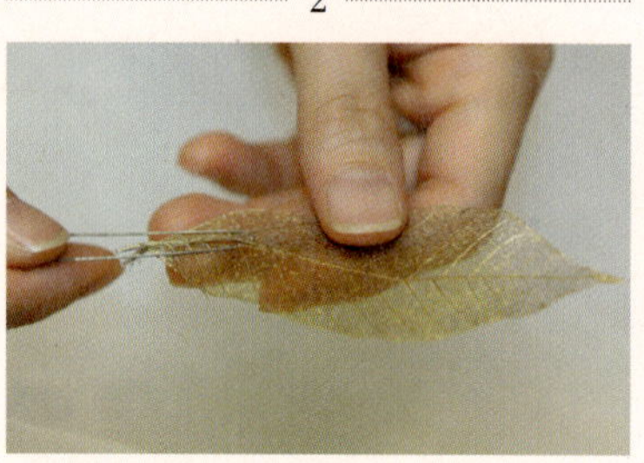

와이어를 시침질하듯이 잎의 하부 뒷면에서 앞면으로 꽂는다.

3

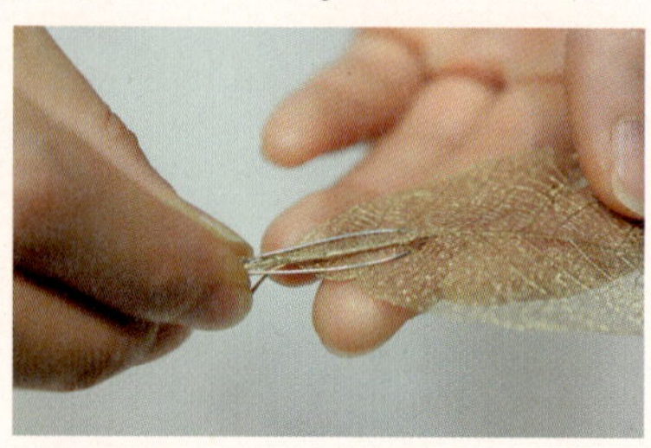

두 가닥 와이어를 아래로 내려서 모아준다.

4

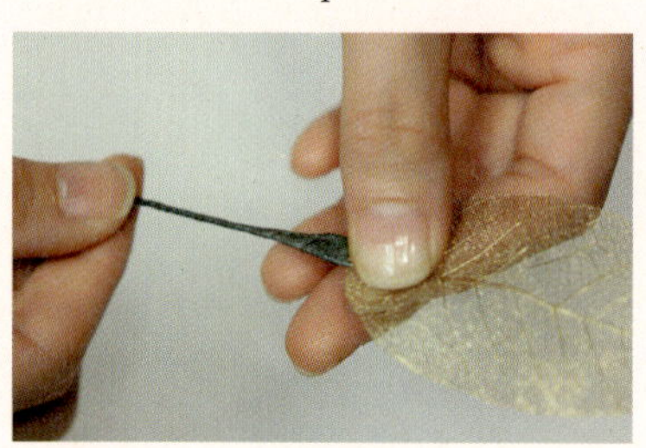

플로랄테이프로 감아 줄기를 만든다.

후킹 기법(갈고리 모양 구부리기, *hooking method*)

와이어의 선단을 작은 낚시 고리 모양의 갈고리상으로 굽혀서 꽃의 중심부로부터 줄기에 찔러 내리는 방법으로 이때 갈고리가 보이지 않을 때까지 수직으로 내린다. 후킹 기법은 주로 줄기가 약하거나 꽃받침이 약한 꽃 종류에 사용하는 와이어 기법이다. 미니장미, 국화, 스카비오사, 마리안느 등에 사용하며, 장미도 와이어 작업하다 꽃받침이 망가질 경우에 이용한다.

1	2	3

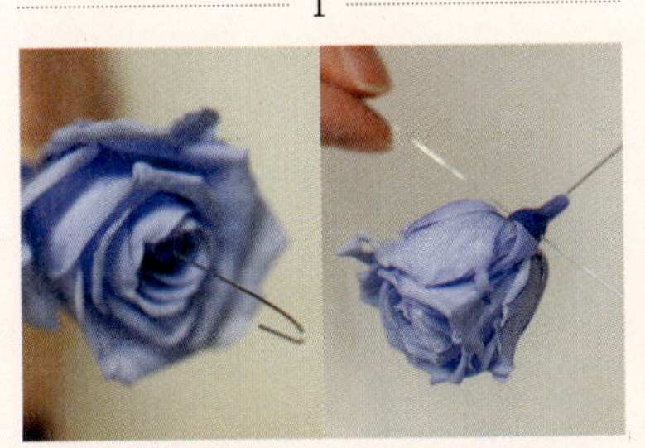 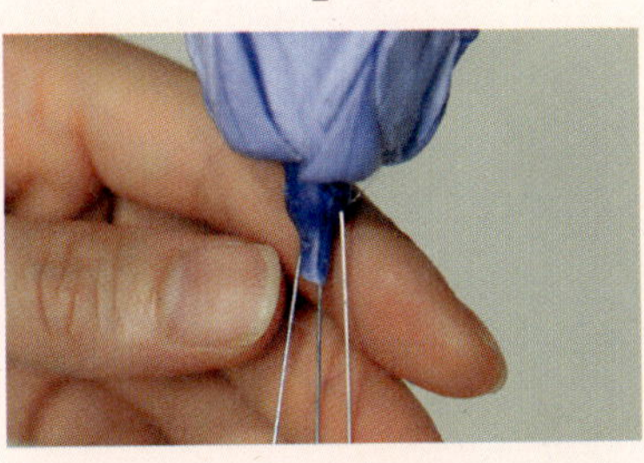 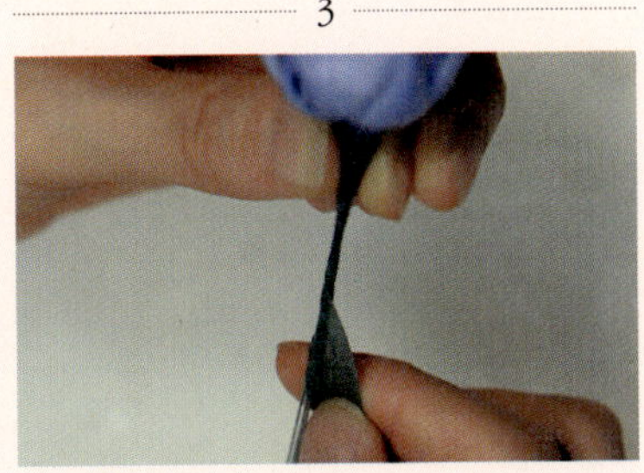

와이어를 U자로 구부려 중심에 꽂아준다. 줄기에 힘을 더하기 위해 십자로 와이어를 꽂는다.

와이어가 보이지 않도록 꽃이 상하지 않게 깊숙이 꽃 아래로 내려준다. 너무 힘주어 내리면 철사가 빠질 수 있으니 손에 힘 조절이 필요하다.

플로랄테이프로 당기듯 감싸주면서 감는다.

트위스팅 기법(감아서 묶어 내리기, *twisting method*)

흩어진 모양의 화재(줄기, 꽃잎, 잎사귀), 짧은 줄기, 혹은 리본 등을 한 번에 모을 때 와이어를 몇 번 감아 내려 줄기를 형성하는 방법이다. 와이어를 찔러 넣을 수 없는 꽃이나 가는 가지, 혹은 꽃잎을 모아서 묶을 때 사용하며, 보통 수국이나 그린 소재를 만들 때 많이 하는 기법이다.

1	2	3

 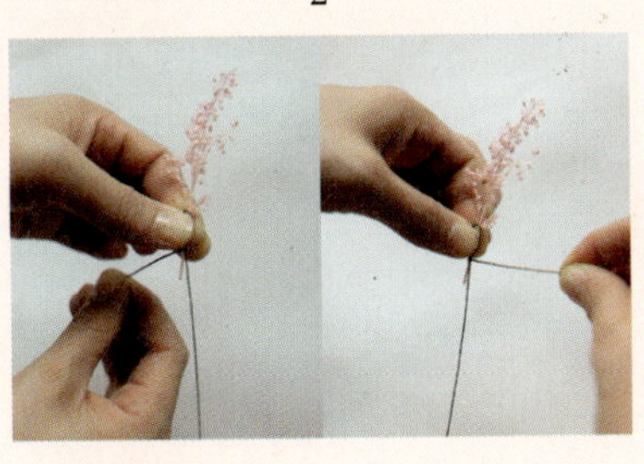 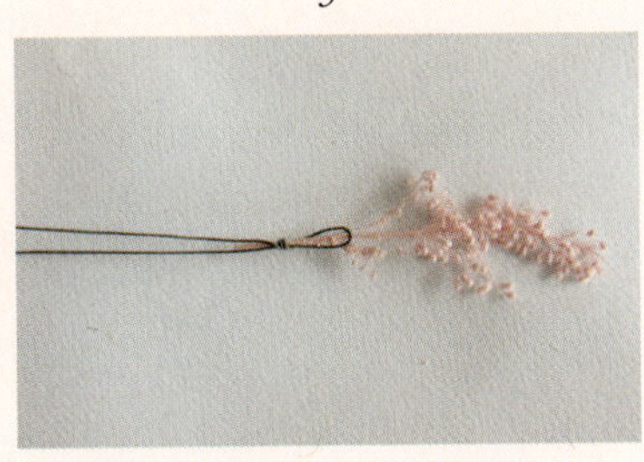

24번 와이어를 구부려 수국 줄기 부분에 대준다.

수국 줄기 부분을 잡고 지철사로 한 번 돌린다.

꽃을 잡아 와이어를 아래로 여러 번 돌리고, 플로랄테이프를 당기듯 감싸서 감아준다.

페더링 기법(*feathering method*)

꽃 한 송이를 나누어 작은 꽃 여러 개를 만드는 방법으로 카네이션에 주로 쓰인다.

1

카네이션의 줄기 끝부분을 잘라준다.

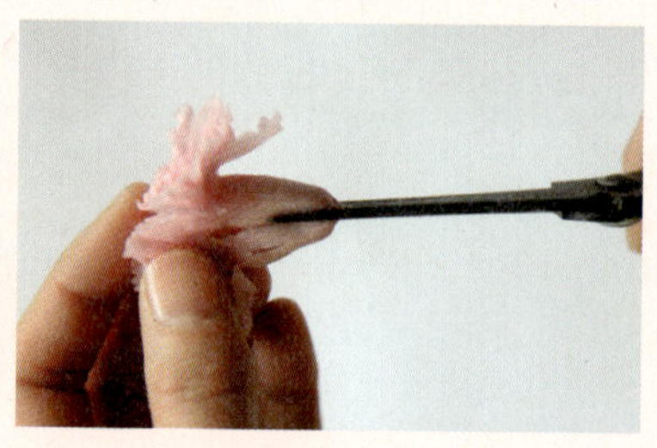

2

끝부분을 잘라낸 카네이션을 반으로
자른다.

3

와이어를 구부려 카네이션 반쪽 위에
놓고 왼손으로 잡아준다.

4

와이어의 한쪽을 구부려 카네이션을
감고 트위스팅을 한다. 카네이션 꽃
잎이 부서지지 않도록 손가락 힘을
조절해야 한다.

Tip

간단 페더링 기법

카네이션 꽃받침에 와이어를 찔러 넣고 밑으로 내려 오므려준다. 십자 모양으로 해도 좋다.

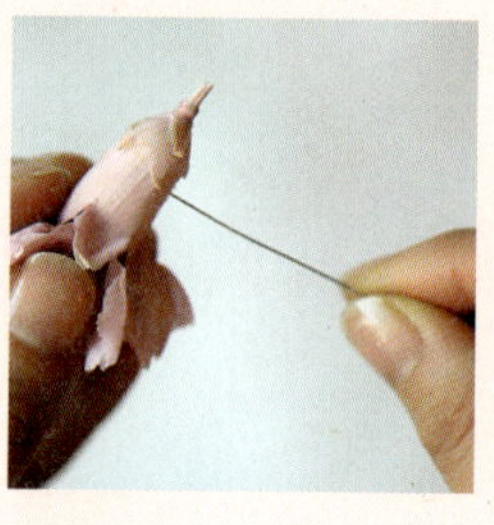

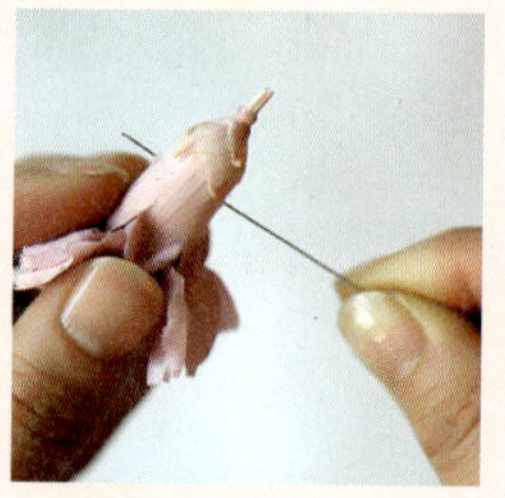

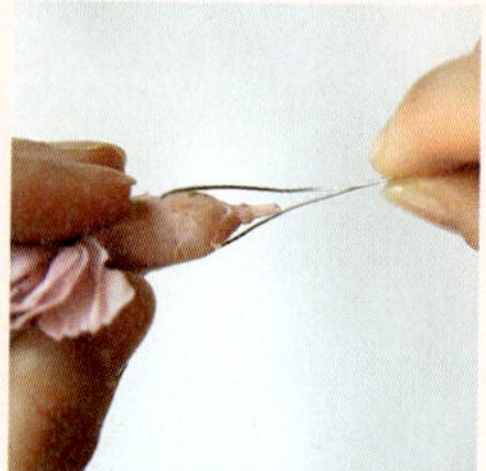

솔방울 와이어 작업

솔방울의 비늘 사이에 와이어나 지철사로 고정하는 방법이다. 글루 작업으로도 고정할 수 있다.

1

솔방울 결 사이에 지철사(와이어)를 얹는다.

2

지철사를 살짝 오므려 돌려준다.

3

지철사를 감아 돌려 고정하고, 만든 줄기를 가지런히 정리해준다.

Tip

솔방울 크기와 무게에 따라 사용하는 지철사 (와이어) 두께를 달리 한다.
진주를 사용할 때는 진주의 구멍이 난 부분에 와이어를 넣고 오므려서 돌려 고정시킨다.

열매 와이어 작업

가지가 없는 열매나 줄기 구슬 등의 와이어 처리법이다.

열매의 뒷부분을 글루 처리한다.

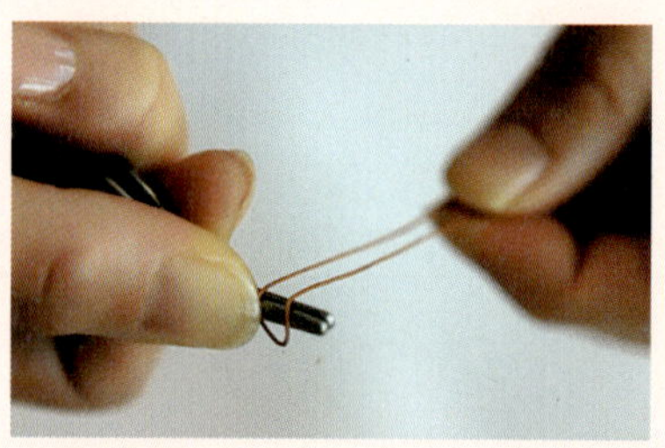

와이어를 U자로 만들고, 가위나 핀셋으로 U자의 윗부분을 r자로 꺾어준다.

r자로 꺾은 와이어를 글루 처리한 열매의 뒷부분에 고정한다.

글루가 다 굳을 때까지 잘 놓아두면 와이어가 떨어지지 않는다.

플로랄테이핑 처리법

꽃과 소재의 와이어 처리가 끝나고 플로랄테이프를 이용하여 마무리해주면 와이어가 줄기처럼 자연스럽게 보인다.

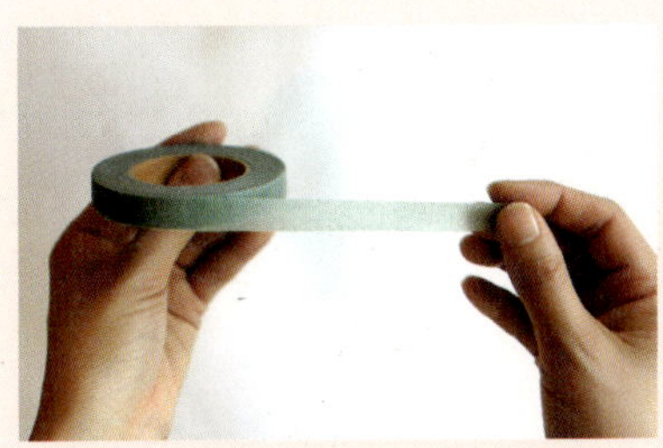

1

플로랄테이프를 길게 쭉 늘여준다.

2

와이어 시작 부분에서 플로랄테이프를 잡아당기며 수평으로 두세 번 정도 감는다.

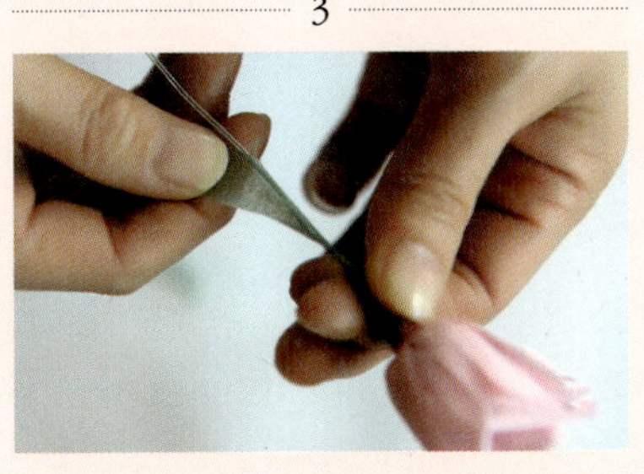

3

시작 부분에서 사선으로 감아 내려오면서 와이어를 감아준다.

4

양손으로 잡아당기면서 와이어에 잘 붙도록 사선으로 힘주어 돌려 풀리지 않도록 마무리한다.

Tip

플로랄테이핑 처리할 때 너무 힘을 주면 테이프가 끊어질 수 있고, 반대로 힘을 안 주게 되면 잘 붙지 않을 수 있어 손의 섬세한 힘 조절이 필요하다.

블루밍 기법

솜을 이용한 방법

보통 장미의 꽃송이가 자연스럽게 벌어지길 원하거나 여름철 습도가 높아 꽃잎이 부드러울 때 솜이나 휴지 등을 말아서 핀셋으로 꽃잎 사이 깊숙이 찔러 넣는다.

1

2

솜이나 휴지를 찢어 휴지솜을 만든다. 장미를 잡고 핀셋을 이용해 휴지솜을 잎 사이에 넣는다.

바깥 잎부터 가운데 안쪽 잎까지 휴지솜을 넣어주면 자연스럽게 핀 장미 얼굴을 만들 수 있다.

Tip

힘이 들어가면 잎사귀가 찢어지거나 떨어질 수 있으니 주의한다.

Before

After

멜리아 기법

하나씩 떼어낸 낱장의 장미 꽃잎을 다용도 접착제나 글루를 이용해 꽃 모양이 나오도록 하나씩 붙여주어 볼륨감 있게 연출하는 방법이다. 솜을 이용하는 방법보다 더 큰 화형의 장미를 만들 수 있다. 겨울철 건조한 환경에서는 멜리아 기법을 이용해 꽃의 화형을 만드는 것이 좋다.

1

장미 꽃송이의 1/3 정도를 남기고 꽃잎을 순서대로 떼어낸다.

2

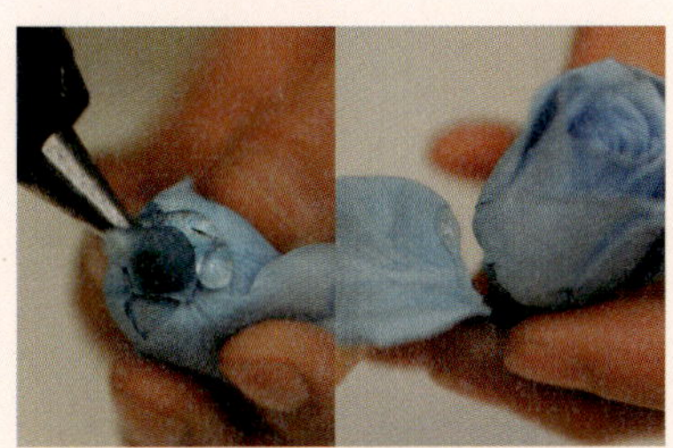

꽃잎이 떨어지지 않도록 봉오리 밑부분을 글루 처리하고, 꽃잎 밑의 심 부분을 U자형으로 오려서 글루를 이용하여 붙여준다.

3

작은 잎부터 글루로 붙여준다. 기본 세장의 잎을 삼각형으로 붙인다.

4

나머지 잎은 사이사이에 공간을 넓히면서 밸런스를 맞춰 붙여준다.

Tip

간단 멜리아 기법

1. 꽃잎 사이를 벌려서 글루 처리를 하여 꽃잎을 붙여준다.
2. 밖에 꽃잎부터 글루 처리하여 안쪽으로 밸런스를 맞춰가며 붙인다.
3. 글루가 거미줄처럼 생겨 꽃잎에 묻는 경우가 생기니 신속하게 글루 처리하여 붙인다.

리본 처리법

한쪽 리본 보우

한쪽 리본 보우는 프리저브드 플라워 어렌지에 기본적으로 많이 사용된다.

1	2	3
	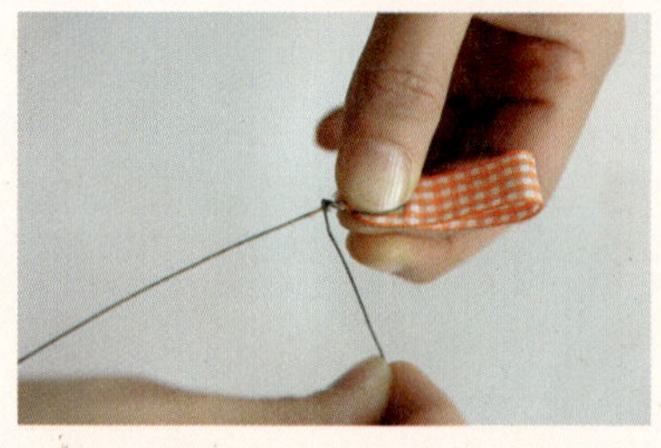	

리본을 U자형으로 접어 아랫부분에 주름을 살짝 잡고 지철사(와이어, 27호)를 구부려 리본 위에 올려 잡아준다.

와이어의 한쪽을 구부려 다른 와이어를 감싸며 스프링처럼 감아 돌려준다.

세 번 정도 감아 아래로 내려 마무리한다.

싱글 리본 보우

와이어를 이용하여 간단히 만들 수 있는 볼륨 리본이다.

1	2	3	4
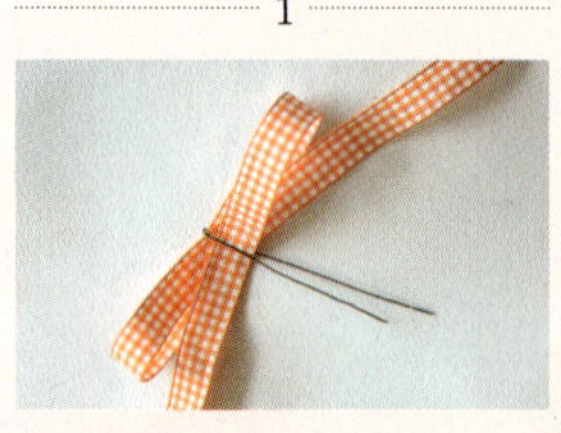			

리본의 중앙으로 양쪽 날개를 접어 보우를 만든 후, 리본의 센터에 U자형 와이어를 겹쳐준다. 양쪽 고리의 크기가 같아지도록 한다.

와이어를 잡고 리본을 당겨 주름을 잡는다.

양쪽 리본을 반으로 접어 잡고, 와이어를 최대한 맞물리게 살짝 힘주어 트위스팅한 후 리본을 정리하여 루프의 볼륨감을 만들어준다.

양쪽 스트리머 부분을 일정하게 잘라주고 마무리한다.

PRESERVED FLOWER

프리저브드 플라워

이해하는 시간

색의
이해

'색'은 시지각현상의 일종으로 물체를 인식할 때 빛이 인간의 감각기관을 통함으로써 생기는 주관적 감각으로, 색은 곧 '빛'이라고도 할 수 있다. 빛은 빨, 주, 노, 초, 파, 남, 보의 색상으로 나타나면서 모든 물체의 색을 나타내는 역할을 한다. 빛과 색은 분리되지 않고 서로 결합되어 있으며, 빛없는 세상에는 색깔도 없다. 색은 우리 일상생활에 없어서는 안 될 자연스러움으로 존재한다. 색의 조화는 생활의 풍요로움을 위해서 중요하며, 오감 중 제일 먼저 반응하는 디자인의 요인이다.

◆ 색의 삼속성(색의 3요소) ◆

Hue

색상

빨강, 파랑, 녹색이라는 이름 등으로 서로 구별되는 특성을 말한다. 색조와 거의 같은 뜻으로 쓰이며 이러한 색상은 사물을 봤을 때 각각의 색이 가지고 있는 독특한 성질이나 명칭을 뜻한다. 색상의 변화를 계통적으로 고리 모양으로 배열한 것이 색상환이다.

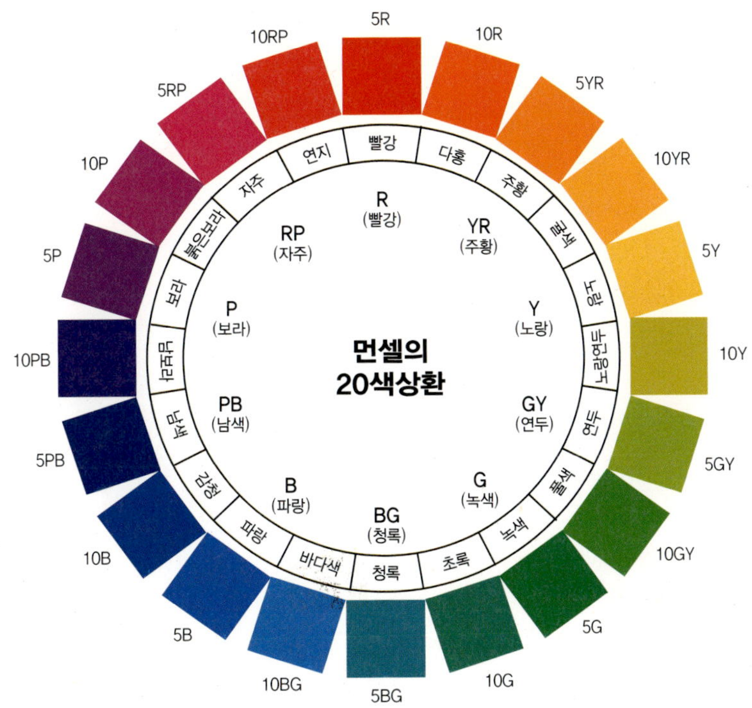

Value

명도

색의 밝고 어두운 정도를 명도라고 한다. 무채색으로 밝고 어두운 정도를 나타
내는 것은 그레이스 케일(Gray Scale)이라 부른다. 밝기의 정도에 따라 고명도,
중명도, 저명도로 구분한다.

Chroma

채도

색의 맑고 탁함을 말한다. 유채색의 순수한 정도를 뜻하여 순도라고도 한다. 원
색 또는 순색일수록 채도가 높으며, 다른 색이 섞일수록 채도가 낮아진다. 채도
가 높은 색은 맑고 깨끗하고 선명하지만 채도가 낮은 색은 선명하지 않고 흐리
며 탁하다.

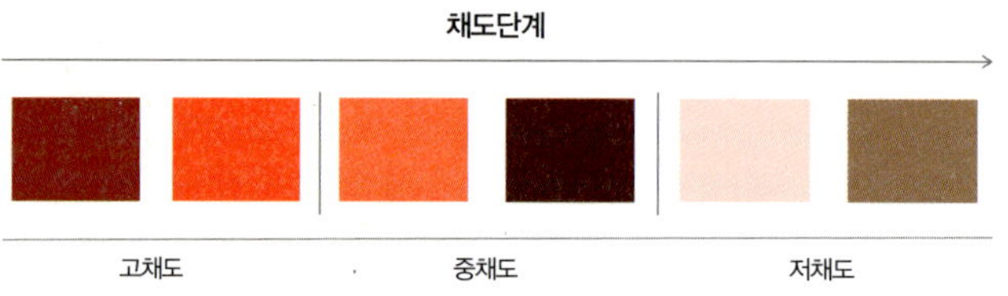

◆ 색의 조화 ◆

Monochromatic
동일 배색

명도와 채도를 달리한 같은 색상의 배색이다. 명도와 채도가 높아도 안정적이고 부드러운 느낌을 주며 세련된 이미지를 주는 통일감 있는 배색이다.

Analogous
유사 배색

색상환에서 서로 인접하는 색의 배색이다. 30도 사이의 인접 색상은 색의 차이가 크지 않아 정적이면서도 차분한 이미지이다. 반대색처럼 지나치게 강렬하지 않고, 동계색처럼 단조롭지 않아 약간의 대비 효과도 살리면서 서로 잘 어울리는 조화의 배색이다.

Complementary
보색 배색

색상환에서 180° 마주 보고 있는 색으로 서로 대조를 이루어 명도와 채도의 차이가 크며, 서로의 색을 더욱 선명하고 돋보이게 해주는 특징이 있어 에너지가 넘치고 생동감을 느끼게 하는 배색이다.

◆ 배색 기법 ◆

Tone on Tone
톤온톤

톤 온 톤 배색은 동일 색상에서 두 가지 색상톤의 명도 차를 비교적 크게 둔 배색이다. 안정적이며 동일 색상이나 유사 색상의 범위에서 배색할 수 있고, 부드럽고 은은한 이미지를 표현하는 데 효과적이다.

Tone in Tone
톤인톤

톤 인 톤 배색은 톤과 명도의 느낌은 거의 동일하게 하면서 색상을 다르게 하는 배색이다. 톤의 차이가 비슷하여 색의 풍요로움을 전달시키는 효과가 있으며, 톤의 선택에 따라 가볍고 무거운 다양한 이미지를 연출할 수 있다.

Accent
악센트

악센트 배색은 단조로운 배색에 대조가 되는 색상 또는 톤을 배색하여 강조하는 기법이다. 배색 전체의 효과를 상승시키는 목적으로 사용되며 강조하는 색을 주조색보다 소량 배색하지만 임팩트가 강하다.

Separation
분리

두 가지색 또는 다색의 배색에서 색
의 톤이 구별이 되지 않을 경우 배색
의 중간 분리색(세퍼레이션 컬러)을
한 가지 배색함으로써 조화를 이루는
배색이다.

Gradation
그라데이션

세 가지색 이상의 다색 배색에서 색
상, 명도, 채도, 톤 등이 단계적으로 서
서히 변화하는 배색이다. 디자인이
단순하더라도 색들의 느낌이 역동감
과 리듬감을 주어 지루한 느낌이 들지
않으며, 세련된 이미지를 줄 수 있다.

이미지

배색

색채에는 사람의 감정을 움직이는 강한 힘이 있다. 각각의 색은 각기 다른 감정을 가지고 메시지를 전달하며, 여러 가지 감정 효과가 복합되어 색이나 배색에 대한 이미지가 형성된다. 색의 이미지는 단일 색상에서는 단순하게 나타나지만, 여러 가지의 색을 배색하면 조합한 색상들과의 관계 속에서 이미지를 갖게 된다.

컬러 이미지 배색은 색상과 톤의 배색에 따라서 이미지를 표현할 수 있다. 색의 이미지는 파란색을 보고 '파랗다'라고 표현할 수도 있지만 '시원하다', '깨끗하다, '맑다'라고도 표현할 수 있다. 색채 이미지는 감성을 표현한 언어 이미지로 표현할 수 있으며, 다시 색채 이미지로 연출할 수 있다. 색채 이미지는 두 개 이상의 색을 배색하여 주조색, 보조색, 강조색을 기본으로 하여 색상의 대비, 명도, 채도의 변화를 고려하여 조화롭게 배색한다.

플라워 이미지는 색채의 감정 효과에 의한 이미지의 특징을 표현할 수 있고, 플라워 이미지에서 배색은 이미지 전달을 좀 더 쉽게 하기 위한 수단이다.

Romantic Image

Soft / Light / Pale

로맨틱은 낭만적이고 감미로우며, 부드러운 이미지이다. 소프트, 라이트 톤의 유사색 배색은 로맨틱의 상징적 배색 방법이다. 핑크, 베이지, 옐로우, 오렌지, 화이트를 주조색으로 배색하면 가벼우면서도 감미로운 로맨틱한 이미지를 표현할 수 있다.

Pretty Image

Pale / Light / Vivid / Bright

순수하고 귀엽고 사랑스러우며 달콤한 이미지이다. 밝고 선명한 톤의 옐로우, 오렌지, 옐로우그린, 핑크계열의 색상으로 같은 계열과 반대계열을 적절한 조화와 대비를 살려 경쾌하고 귀여운 느낌으로 배색한다. 소프트, 라이트, 브라이트톤의 기본 색상의 반대 색상인 차가운 계열의 블루, 퍼플과 같은 색감을 함께 배색하면 사랑스럽고 달콤한 이미지가 표현된다.

Fresh Image

Vivid / Soft / Light / Pale

싱그러운 자연의 이미지를 느끼게 하는 프레시한 이미지는 주조색인 옐로우, 그린 컬러에 포인트색상으로 보색을 대비하면 생동감을 연출할 수 있으며, 핑크, 오렌지 등의 색상을 매치시키면 신선한 느낌을 줄 수 있다.

Clear Image

Bright / Pale / Light

깨끗하고 맑으며 티 없는 순수한 이 미지를 가지고 있다. 클리어 이미지 는 밝고 선명한 톤의 차가운 색 계열 의 화이트와 블루를 주조색으로 배 색하여 맑고 깨끗한 이미지를 연출 한다.

Feminine Image

Pale / Light / Soft

부드러운 여성의 아름다움을 표현하 는 페미닌 이미지이다. 소프트 톤과 라이트의 핑크계열과 보라계열을 주 조색으로 하여 옐로우, 베이지, 코랄 핑크를 배색하면 부드러우면서도 화 사한 이미지를 연출할 수 있다.

Elegant Image

Soft / Grayish / Dull / Deep

엘레강스 이미지는 세련되고 고급스 러우며 우아하고, 고상함을 느끼게 한다. 우아하고 깊이 있는 이미지를 연출하기 위해서는 중명도와 중채도 의 부드러운 톤을 선택하고 퍼플, 와 인, 베이지브라운 등의 색으로 배색 하면 우아하면서도 고급스러운 이미 지를 연출할 수 있다.

Natural Image

Pale / Soft / Deep / Dull

온화하고 소박하며 인위적인지 않고 자연스러운 친근한 이미지이다. 나무, 숲, 흙 등의 자연에서 볼 수 있는 색조가 기본이 되며 황색을 기본색으로 브라운, 그린, 카키 계열 등의 비교적 대비가 적은 색으로 배색하면 편안하고 차분한 이미지를 연출할 수 있다.

Classic Image

Deep / Dark / Dull / Grayish

차분하고 깊이 있는 고전적인 감각의 클래식한 이미지는 깊이감을 주는 짙은 톤과 어두운 톤의 브라운 계열을 중심으로 베이지, 와인, 골드, 그린 등의 색으로 배색하여 격이 있는 고상한 이미지를 연출한다. 짙은 네이비블루, 그레이브라운 컬러의 색조 배색은 고풍스러우면서도 고상한 느낌을 연출할 수 있다.

Modern Image

Strong / Bright / Light / Dark

도시 감각의 세련된 이미지를 느끼게 하는 모던 이미지는 블랙, 화이트, 그레이의 모노톤 배색을 기본으로 하며, 비비드톤의 차가운 컬러로 포인트를 주는 것이 좋다. 다크톤과 스트롱톤의 배색은 도회적이고 전문적인 느낌을 주며, 베이지 계열의 내추럴한 색의 배색은 세련된 이미지를 연출한다.

베이직 플라워 디자인

컬러 안개꽃

흰 안개에 색을 입혀 만든 새로운 컬러의 안개꽃으로 플러워 디자인의 기본이다. 컬러 용액의 용량, 온·습도, 관리에 따라 색의 변화가 다르다. 적정한 혼합 기법으로 용액이 안개에 흡수되어 프리저빙되는 과정이 끝나면 컬러 안개꽃이 완성된다. 온·습도의 영향을 받아 습한 여름이나 건조한 겨울에는 안개의 흡수가 잘 안 될 수 있고, 안개꽃의 신선도에 따라서도 용액의 흡수 시간과 색이 다르게 나타날 수 있다.

물에 담가 놓은 지 3일 이상 되지 않았는지, 모든 송이가 팝콘 터지듯 활짝 피지는 않았는지, 만개를 지나 시든 부분이 보이지 않는지 등 안개꽃을 구입할 때 신선도를 확인해야 한다. 하지만 위에 사항을 실제로 확인하려면 쉽지 않다. 이런 부분을 고려해서 일단 바로 열탕 처리(라이터 불로 안개 줄기를 태워주기도 함)하는 것이 작품을 만드는 데 많이 도움이 된다.

드라이 플라워

드라이 플라워는 생화를 건조시켜 보존하는 건조화이다. 꽃뿐만 아니라 꽃받침, 과실, 씨, 잎, 줄기 등을 건조한 것도 포함된다. 빅토리아 시대에 '윈터 부케(winter bouquet)'라는 이름으로 생활 패션 장식으로 쓰였던 것이 오늘날 드라이 플라워의 시초가 되었다. 일조시간이 짧은 북유럽에서 꽃을 오래 보존하기 위하여 시작되어 오스트레일리아에서는 총생산량의 1/3을 차지할 정

도로 성행하고 있다. 한국에 보급된 지는 얼마 되지 않았지만 플라워 디자인의 보급과 함께 실내
장식과 선물용으로 사랑받고 있다. 드라이 플라워를 만드는 가장 손쉬운 방법은 바로 꽃을 걸어
서 급속건조하는 방법이다. 하지만 공기 중에 자연 건조하면 잘 부서지고, 해충과 곰팡이에 노출
될 수 있다는 단점이 있다.

프리저브드 플라워

프리저브드(preserved), '보존'이라는 의미로 '보존화' 즉, 프리저브드 플라워는 생화의 조직을 가
지면서 수분과 프리저브드 용액을 바꾸는 특수한 가공법으로 만든 꽃이다. 이탈리아에서 만들어
져 프랑스를 거쳐 일본에서는 15년 전부터 생화와 더불어 인기가 많다. 생화의 수분을 제거하여
박테리아 발생을 억제시키고, 수분을 대신하는 프리저브드 용액을 통해 생화의 싱싱함과 부드러
움을 보존시켜 생화와 같은 질감과 화려함을 긴 시간 즐기는 것이 가능하다. 눌러보면 다시 형태
가 복원되고, 온·습도 조절만 잘해준다면 1~3년 이상 장기간 보존이 가능하다. 또한 다양한 색
상연출을 할 수 있다는 장점 때문에 인테리어 소품, 액세서리 등 예술 분야에도 접목할 수 있는
플라워이다.

coloured gypsophila elegans

컬러 안개꽃

프리저빙한 안개꽃은 보통 5일 이상 되어야 컬러 안개꽃으로 완성된다. 물든 안개꽃을 걸어놓으면 온·습도에 영향을 받으며 건조되면서 꽃송이가 약간 작아지고, 색도 조금 진해진다. 습하거나 건조한 날은 작업을 피해야 한다.

How to make

--- 준비물 ---

안개꽃, 컬러 안개용액

도구 용액통, 고무줄, 가위

--- color ---

\# 맑은 \# 깨끗한 \# 시원한

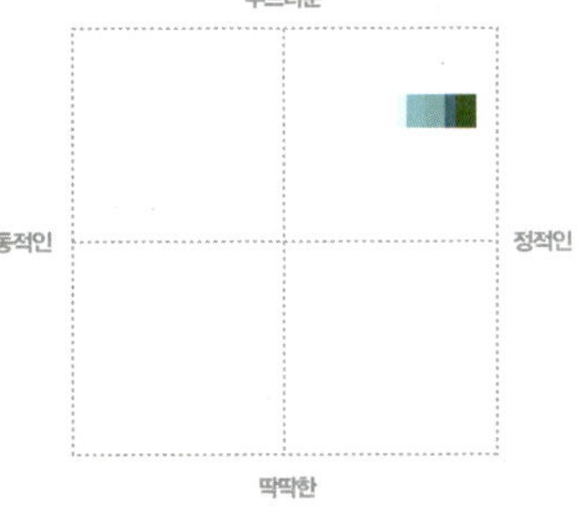

Tone / 연한 톤(Pale) / 엷은 톤(light) / 둔탁한 톤(Dull)

Main Color / 아이스블루 / 라이트블루 / 아쿠아블루 / 블루

Complementary / 아이스블루 / 그린

1

안개꽃 줄기를 정리하고 잘라준다. 한 단 기준으로 3~4개 정도의 묶음으로 소분한다.

2

용기의 1/2 정도 용액을 담아 준비한다. 최소 6cm 이상이 되도록 용액을 넣는다.

3

정리한 안개꽃을 통 안에 넣어준다.

Tip

안개 줄기를 사선으로 자르고, 용액이 잘 흡수되도록 뜨거운 물에 살짝 넣었다 빼내면 색이 빨리 물든다.

4

안개꽃 몽우리 색이 변하는 모습을 보고, 원하는 색이 되었을 때 통 안에서 꽃을 빼준다.

5

빼낸 안개꽃 줄기에 고무줄을 묶어 걸어놓는다. 걸어놓은 안개꽃은 2주 정도 지나면 완성된다.

Tip

컬러 용액

컬러 용액은 크게 두 가지이다. 하나는 컬러만 물들게 하는 용액으로, 시간이 지나면 건조해져서 잎이 떨어진다. 텍스처는 프리저브드 플라워의 느낌을 간직하고 있다. 다른 하나는 스프레이 형태로 간단하게 뿌려서 물들이는 용액이다. 단, 습한 날에는 물이 잘 안 올라올 수 있기 때문에 온·습도가 알맞을 때 신선한 꽃을 구매해서 바로 용액 처리해야 한다. 요즘은 파스텔톤의 컬러 용액도 다양하게 나와 있다. 다양한 색상의 컬러 용액이 있다면 간단한 방법으로 예쁜 안개꽃을 만들 수 있다.

dry flower

드라이 플라워

시들면 버려야 하는 생화의 아쉬움을 달랠 수 있는 드라이 플라워가 인기다. 하지만 모든 생화가 드라이 플라워가 되는 것은 아니다. 가장 많이 이용하는 소재는 장미가 대표적이다. 드라이 플라워는 서늘한 바람이 불고 통풍이 잘되는 곳에 말리면 되는데 잘못 말리면 냄새가 나거나 곰팡이가 필 수 있으니 건조까지 충분히 해주어야 한다. 수분이 빠지면서 40% 정도 작아지고, 색이 진해지면서 완성된다.

준
비
물

장미

도구 옷걸이, 고무줄, 가위

044

--- color ---

여성스러운 # 분위기 있는

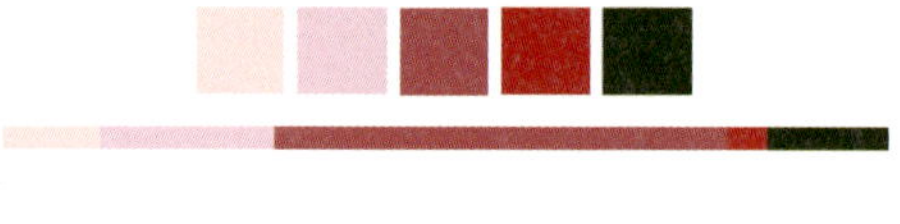

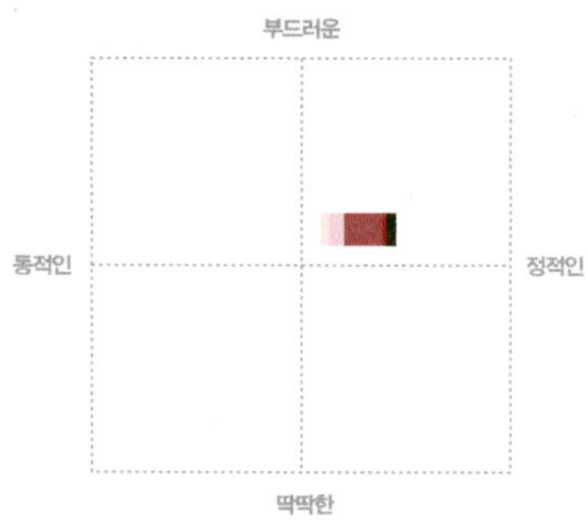

Tone / 연한 톤(Pale) / 둔탁한 톤(Dull) / 선명한 톤(Vivid) / 진한 톤(Deep)

Main Color / 베이비핑크 / 파스텔핑크 / 올드로즈 / 워터메론 / 딥그린

1

적당히 예쁘게 핀 장미를 준비한다.

2

장미 줄기를 한 송이씩 정리한다.

3

준비해둔 옷걸이에 장미를 고무줄로 걸어서 감아준다.

4

옷걸이에 걸어준 장미를 서늘하고 통풍이 잘되는 곳에 걸어서 말린다.

Tip

꽃은 직사광선이 들지 않고 바람이 잘 통하는 습하지 않은 서늘한 곳에서 잘 마른다. 햇빛에 노출되지 않도록 주의하여 창문 또는 베란다에서 말리는 것이 좋다. 사계절 잘 마르는 건 아니고, 습한 여름 장마철이나 비가 많이 내릴 때는 피해준다. 봄, 가을에는 잘 말라서 드라이 플라워를 만들기 좋다. 완성된 후 관리를 잘하면 1~2년 이상 볼 수 있다. 골든볼, 스타티스, 시넨시스, 안개꽃처럼 형태와 색이 유지되는 꽃도 있지만 백합, 국화, 과꽃처럼 말리기 어려운 꽃도 있다.

preserved flower

프리저브드 플라워

흔하게 볼 수 없는 블루장미가 프리저빙 과정을 통해 신비롭고 격조 있는 프리저브드 플라워로 탄생되었다. 프리저브드 플라워는 생화에 없는 다양한 색감 표현이 가능하다는 장점이 있어 화사하고 개성 있는 색감의 작품들이 많고, 수분 공급에 제한이 없기 때문에 원하는 곳에 자유롭게 표현이 가능하다.

How to make

장미, 프리저브드 용액

도구 종이컵, 핀셋, 가위

---

color

\# 격조 있는 \# 무거운

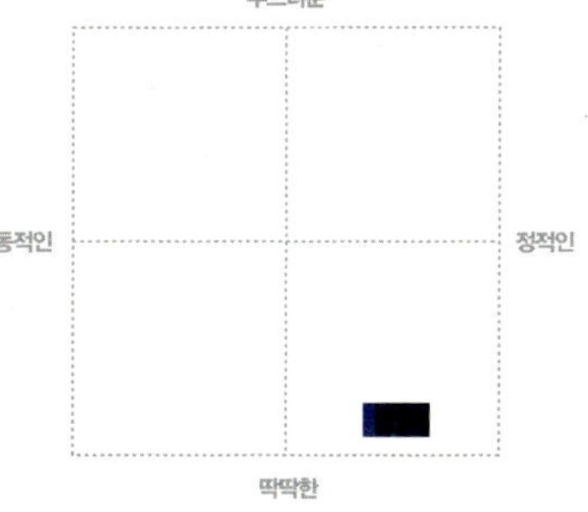

Tone / 진한 톤(Deep) / 어두운 톤(Dark)

Main Color / 로얄블루

Complementary / 다크네이비

1

적당히 핀 장미를 준비해서 장미 얼굴 부분을 잘라 탈수·탈색 용액에 하루 이상 담가둔다. 프리저브드 용액은 장미가 충분히 잠길 수 있는 양을 넣어준다.

2

탈수·탈색된 장미를 꺼낸다.

Tip

온도와 습도를 잘 맞춰 그늘지고 서늘한 곳에 놓아두도록 한다. 온·습도가 맞지 않으면 프리저빙이 잘 되지 않는다.

3 ————————————————

준비된 보존·착색 용액에 장미를 3일 이상 넣어둔다.

4 ————————————————

장미를 꺼내어 종이컵 뒤편에 십자로 구멍을 내어 끼우고, 햇빛이 없는 서늘한 곳에서 잘 말려준다. 계란판을 이용하면 여러 송이의 장미를 건조시킬 수 있다.

Tip ————————————————

프리저브드 용액

프리저브드 용액은 가공 용액 중 탈수·탈색을 담당하는 보존용액으로 알파용액과, 베타용액이 있다. 알파용액은 꽃의 수액과 색소 엽록소 등을 빼내는 역할을 하고, 베타용액은 꽃의 조직에 흡수되어 유연성을 가지고 형태를 고정시키는 보존제의 역할을 한다. 요즘은 탈수, 탈색, 보존, 착색이 한 번에 되는 용액도 시중에 나와 있다. 프리저브드 용액은 한두 번 정도 재사용이 가능하나 처음보다는 프리저빙한 결과가 떨어진다.

PRESERVED FLOWER

프리저브드 플라워
만드는 시간

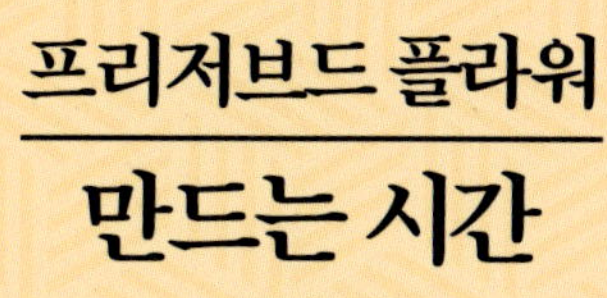

내 마음 전하는

— 한 송이 화기 —

밝고 상큼함이 느껴지는 아담한 화기 센터피스이다. 책상이나 작은 공간에 포인트가 되도록 연출하면 좋다. 포인트 되는 한 두 송이의 장미와 노란색 화기가 조화로운 오브제이다.

How to make

화분, 줄모스, 장미, 카네이션, 수국, 페퍼베리, 스타플라워

도구 오아시스, 글루건, 플로랄테이프, 와이어, 가위

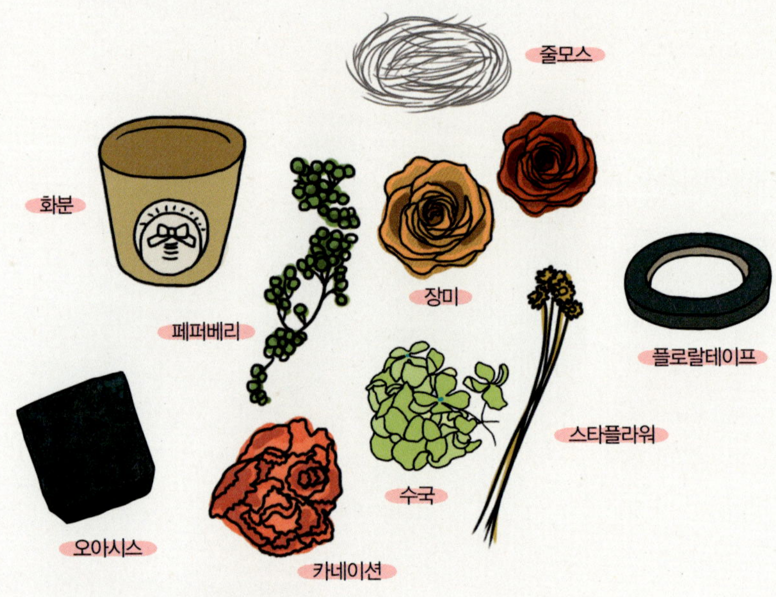

color

#밝은 # 상큼한 # 어린아이 같은 # 단아함

Tone / 연한 톤(Pale) / 엷은 톤(Light) / 밝은 톤(Bright)

Main Color / 아이스옐로우 / 파스텔레몬 / 오렌지

Complementary / 화이트그린 / 아이스그린 / 그린 / 라이트옐로우

1

화기 크기에 맞게 오아시스를 자른다. (화기 베이스 세팅법 12p 참조)

2

화기 안에 오아시스를 넣고 글루를 이용해서 고정시킨다.

3

화기에 줄모스를 깔아준다.

4

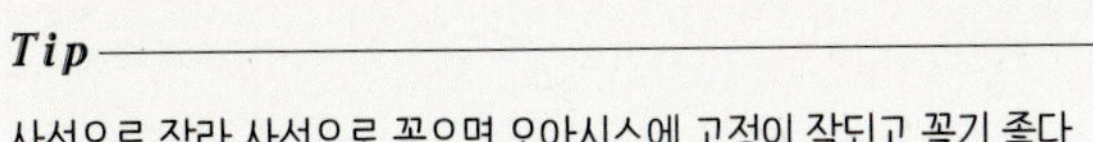

와이어 피어싱한 장미를 사선으로 잘라 화기 중심에 사선으로 꽂아준다. (와이어 기법 13p 참조)

Tip

사선으로 잘라 사선으로 꽂으면 오아시스에 고정이 잘되고 꽂기 좋다.

5

장미 사이에 카네이션과 수국을 그룹지어(그룹핑) 모아서
사선으로 꽂는다.

6

페퍼베리는 카네이션 옆에 낮게, 스타플라워는 장미와 카
네이션 사이에 꽂아준다.

7

소재들을 화기의 3/2 정도 높이로 꽂아주고 마무리한다.

리스는 보통 현관이나 방문에 걸어두어 공간을 장식하는 인테리어 소품으로 계절별 소재를 사용하는 것이 좋다. 리스(wreath)는 '우리 집에 방문하는 손님들의 행운과 안녕을 빈다'는 좋은 의미가 있다.

모스는 천연 온습도 역할과 천연공기청정 기능을 한다. 내추럴한 이미지로 오래 두고 봐도 질리지 않고, 다양한 컬러로 여러 작품의 분위기와 잘 어우러진다. 계절에 어울리는 컬러의 모스만으로도 예쁜 작품이 된다. 경제적인 가격 또한 매력적인 소재이다.

준비물

리스틀(20cm), 모스, 엠버너트, 허니테일

도구 목공풀, 핀셋, 가위

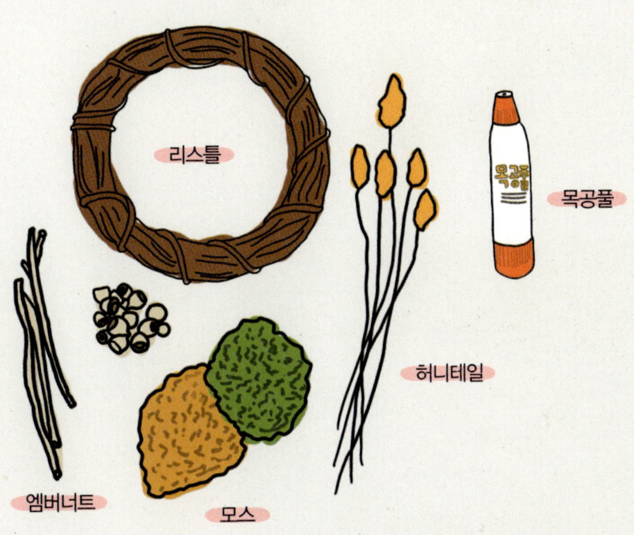

---

color

따뜻한 # 기분 좋은 # 자연적인

Tone / 연한 톤(Pale) / 엷은 톤(Light) / 밝은 톤(Bright) / 수수한 톤(Dull)

Main Color / 옐로우 / 옐로우그린

1

리스틀을 준비하고 틀 위에 모스를 조금씩 떼어서 붙인다.

2

리스틀이 보이지 않도록 안팎에 모스를 붙여서 채운다. 리스틀 보다 1.5배 정도 붙여 풍성하게 만든다.

3

모스 사이사이 엠버너트와 가지를 지그재그로 붙인다.

4

엠버너트와 가지 사이에 허니테일을 한쪽 방향으로 찔러 붙인다.

5

모스와 소재들을 정리하여 완성한다.

Tip

소재를 붙이고 난 뒤 모스를 둘러주면서 마무리한다.

쁘띠 꽃다발

요즘 작고 아담한 쁘띠(pette, 영어로는 pretty) 꽃다발이 트렌드이다. 방송 시상식이나 각종 행사에서 작고 귀여운 쁘띠 꽃다발을 자주 볼 수 있는데, 경제적인 것은 물론 로맨틱한 분위기 때문에 이벤트나 프러포즈, 화동 부케로도 잘 어울린다. 포장지를 벗겨 작은 유리 화병에 넣어두면 디퓨저처럼 연출할 수도 있다.

How to make

장미, 카네이션, 안개꽃, 라이스플라워, 버튼플라워

도구 리본, 줄진주, 와이어, 플로랄테이프, 포장지, 화지, 지철사, 가위

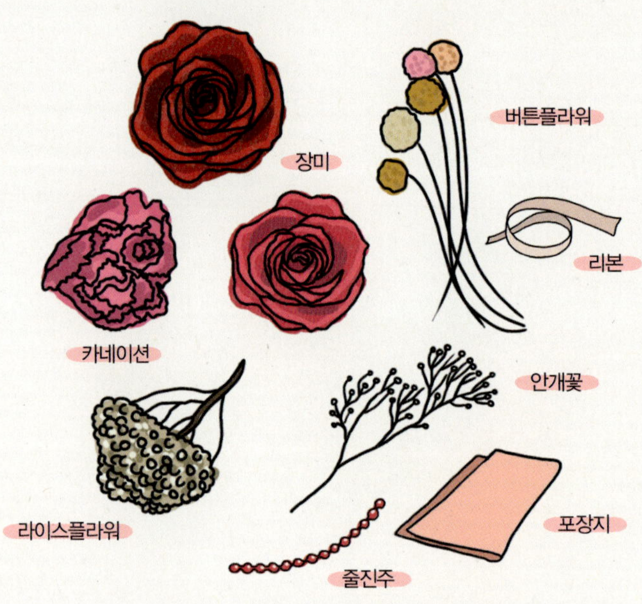

---

color

화사한 # 향기로운 # 여성적인 # 분위기 있는

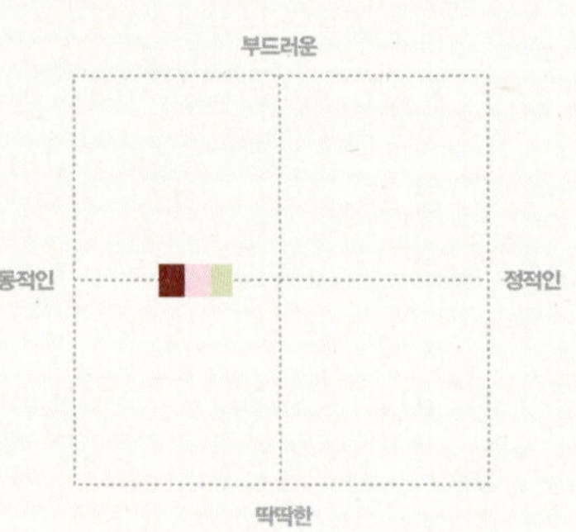

Tone / 선명한 톤(Vivid) / 연한 톤(Pale)

Main Color / 레드 / 파스텔핑크

Complementary / 아이스레몬 / 화이트

1

와이어 피어싱, 플로랄테이핑한 장미를 중심으로 소재들을 사선으로 한 방향으로 잡는다.(와이어 기법 13p, 플로랄테이핑 처리법 19p)

2

장미를 메인으로 잡고, 카네이션, 안개꽃, 라이스플라워, 버튼플라워를 한쪽 방향으로 동그랗게 모아준다.

3

꽃다발 손잡이 부분 와이어를 플로랄테이프로 감싸주고 정리한다.

4

포장지와 화지 두 장을 사선으로 겹쳐놓고 사선 부분에 꽃다발을 놓는다.

5

포장지를 감싸면서 양쪽으로 주름을 잡아준다. 주름을 많이 잡아줄수록 볼륨감이 생긴다.

6

지철사로 포장지를 고정하고, 리본을 묶어서 마무리한다.

Tip

포장지와 리본의 색은 꽃이나, 그린 소재의 색상 중 한 두 가지로 선택해주면 조화롭고 예쁘다. 꽃을 모아서 잡는 것을 '스파이럴 테크닉'이라고 한다. 큰 꽃다발을 만드는 것이 아니면 굳이 스파이럴로 잡지 않아도 된다.

특별한 시간 여행

시계 액자

그린 소재들을 이용해서 내추럴하게 연출하였다. 강한 컬러의 소재를 사용해서 시계와 액자 형태가 또렷해 보이고 조화롭게 하는 것이 포인트이다. 요즘 인테리어 효과를 낼 수 있는 액자 스타일의 시계가 인기가 있다. 집들이 선물로 좋은 아이템이다.

How to make

시계 액자, 카나리, 버튼플라워, 허니테일, 수국

도구 글루건, 오아시스, 핀셋, 가위

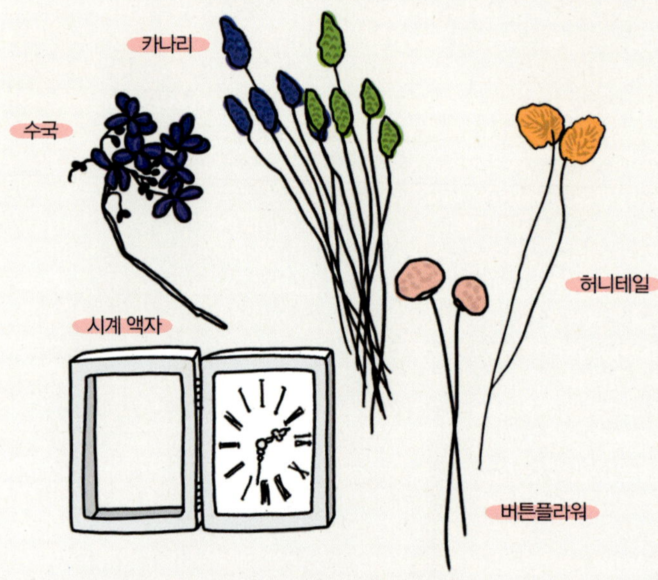

---
color

\# 고상한 \# 점잖은 \# 차분한

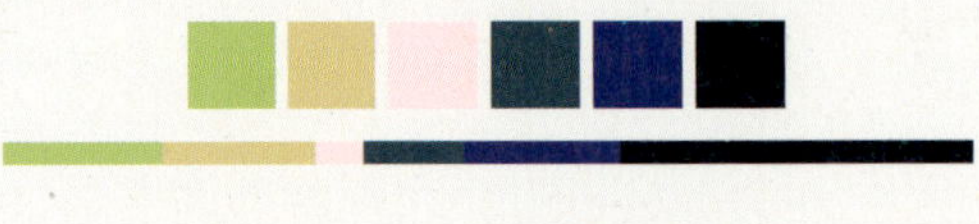

Tone / 연한 톤(Pale) / 엷은 톤(light) / 둔탁한 톤(Dull) / 진한 톤(Deep) / 어두운 톤(Dark)

Main Color / 라이트옐로우그린 / 라이트옐로우 / 베이비핑크

Complementary / 티얼 / 샤파이어블루 / 다크네이비

1

시계판에 오아시스를 3~4cm 정도로 잘라 가운데 부분에 붙인다.

2

카나리를 사선으로 오아시스에 꽂아준다.

3

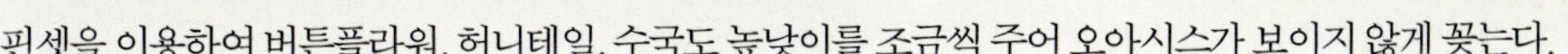

핀셋을 이용하여 버튼플라워, 허니테일, 수국도 높낮이를 조금씩 주어 오아시스가 보이지 않게 꽂는다.

4

수국 사이사이에 볼륨감 있게 마무리하여 꽂아준다.

5

뚜껑을 닫아 소재들이 닿는지 확인하고 마무리한다.

Tip

뚜껑을 닫았을 때 소재들이 닿는지 확인해가며 꾸민다. 시계 액자 프레임의 색상과 크기에 따라 소재들의 선택을 다르게 할 수 있다.

오롯이 당신을 위한 선물

플라워 박스

플라워 박스는 초보자도 할 수 있어 인기 많은 아이템 중 하나이다. 요즘은 용돈박스라고 해서 한쪽에는 돈을 넣고, 다른 한쪽에는 꽃을 어렌지한 플라워 박스가 인기다. 소재와 컬러에 포인트를 주어 풍성하고 부드러운 이미지를 연출하였다. 중간중간 조화 열매를 넣어주고 장식와이어로 마무리하였다.

How to make

박스, 장미, 스켈톤, 수국, 열매(히베리캄)

도구 줄모스, 가위, 스프링 와이어

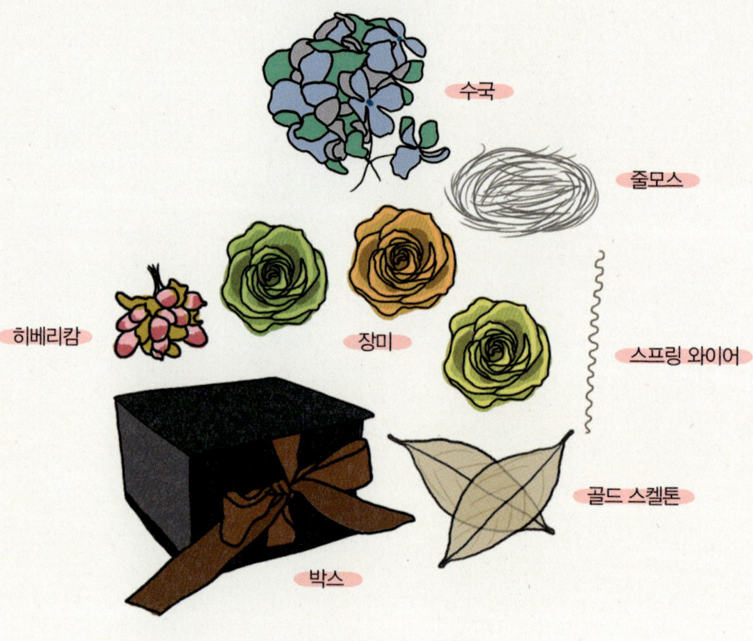

---
color

싱그러운 # 깨끗한 # 산뜻한

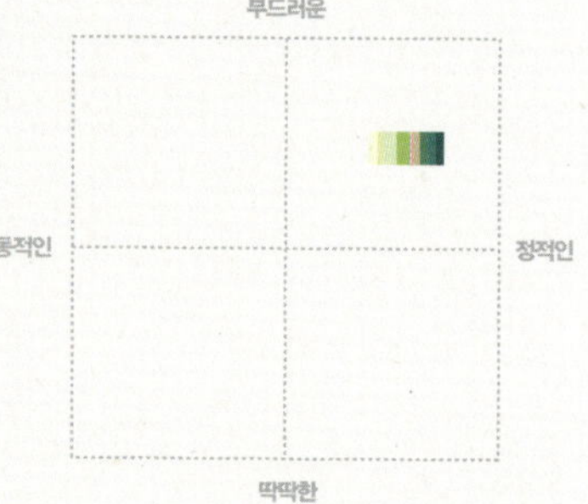

Tone / 연한 톤(Pale) / 밝은 톤(Bright) / 수수한 톤(Dull) / 진한 톤(Deep)

Main Color / 아이스옐로우 / 파스텔레몬 / 파스텔옐로우그린 / 옐로우그린

Complementary / 파스텔핑크 / 로즈핑크 / 라이트베이지 / 에메랄드터쿼이즈 / 차이니즈블루 / 티어블루

1 ───────────────────────────────

오아시스를 넣어둔 박스 안에 줄모스를 깔아준다. (화기 베이스 세팅법 12p 참조)

2 ───────────────────────────────

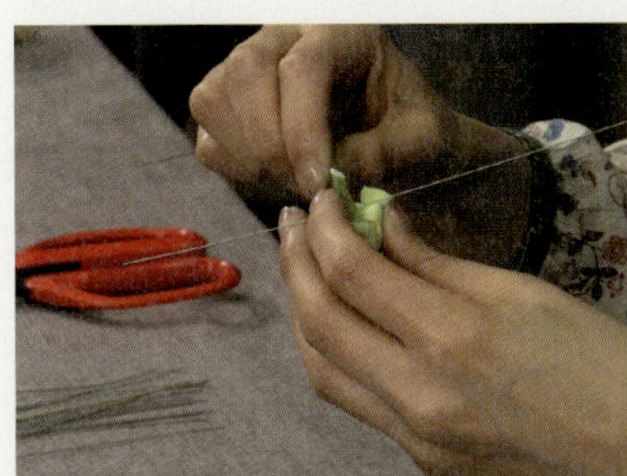

수국, 장미, 스켈톤 등의 소재들을 와이어 피어싱 처리한다. (와이어 기법 13p 참조)

3 —————————

수국을 살짝 사선으로 꽂아준다.

4 —————————

장미를 수국 사이에 꽂는다.

5 —————————

수국와 장미 사이에 스켈톤을 채우고, 조화열매(히베리캄)도 소재 사이사이에 꽂아준다.

6 —————————

스프링 와이어를 소재 사이에 넣어 장식하여 마무리한다.

토피어리

동글동글 귀여운 토피어리는 한두 가지 소재만으로도 풍성하게 연출할 수 있는데, 특히 수국을 사용하면 그 느낌이 더 난다. 수국 사이에 라이스플라워를 채우니 마치 나비가 앉아있는 것 같다. 화기는 동그란 형태의 깔끔한 디자인을 선택하면 된다. 토피어리는 인테리어 소품이나 센터피스로 활용하면 좋은 아이템이다.

How to make

화기, 오아시스볼 가지, 수국, 모스, 스타플라워, 마르카리타

도구 글루건, 핀셋, 지철사, 가위

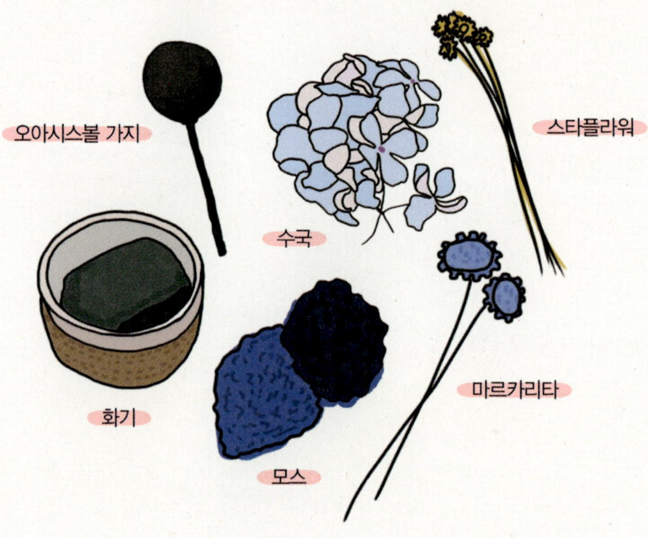

---
color

#시원한 #깨끗한 #상쾌한 #심플한

Tone / 연한 톤(Light) / 엷은 톤(light) / 둔탁한 톤(Dull) / 진한 톤(Deep)

Main Color / 파스텔블루

Complementary / 파스텔터쿼이즈 / 피콕블루 / 옐로우

1

오아시스를 화기에 고정시켜준다. (화기 베이스 세팅법 12p 참조)

2

오아시스볼 가지를 글루로 화기에 고정한다.

3

화기 안에 모스를 깔아준다.

4

수국을 조금씩 소분해서 짧게 와이어 피어싱 작업한다. (와이어 기법 13p 참조)

5

핀셋을 이용하여 가운데와 양쪽 부분에 수국을 십자 형태로 꽂아준다.

6

오아시스볼 사이가 보이지 않도록 수국을 채운다.

Tip

수국을 볼 가운데 양쪽을 먼저 꽂아주고 사이사이를 채워나가며 동그랗게 꽂는다. 와이어를 짧게 해서 핀셋으로 꽂으면 수국 사이를 채워주기 쉽다.

7

수국 사이사이에 스타플라워를 꽂아 포인트를 준다.

8

모스 위에 스타플라워와 마르카리타를 높낮이를 주어 꽂는다.

Tip

우선 수국으로 볼을 채우고 스타플라워를 사이사이에 꽂으면 나비가 살포시 앉아있는 느낌이 든다.

꽃바구니

바구니 형태나 질감에 따라 꽃의 컬러를 선택한다. 많은 소재를 사용하지 않고, 바구니 높이의 3/2 이상이 되도록 풍성하게 연출하고 컬러로 포인트를 주는 아이템이다. 계절에 맞는 소재나 색을 선택하고, 특히 화려한 컬러의 장미를 선택하면 좀 더 드라마틱하게 연출할 수 있다. 조금 큰 식탁의 센터피스나 사무실 메인 센터피스로 놓으면 공간을 더욱 풍성하게 만든다.

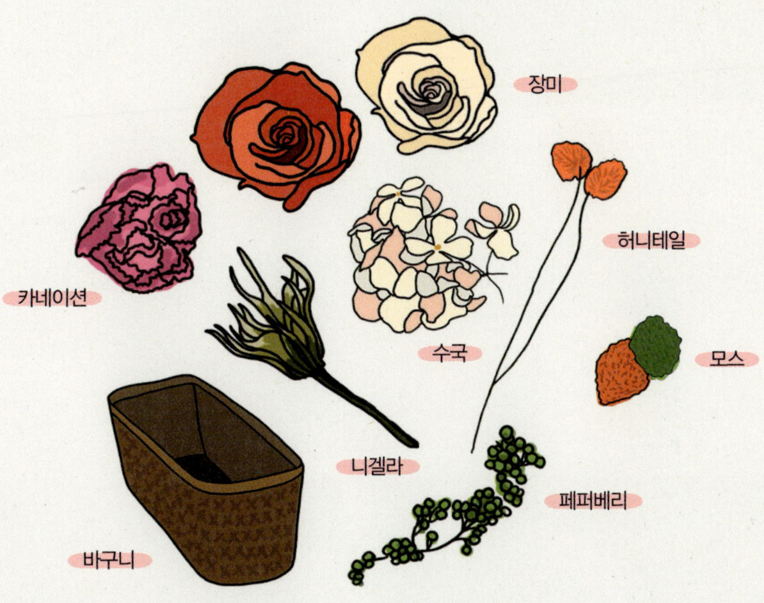

Tone / 연한 톤(Pale) / 엷은 톤(Light) / 밝은 톤(Bright) / 수수한 톤(Dull)

Main Color / 오렌지

Complementary / 아이스옐로우 / 파스텔레몬 / 화이트그린 / 아이스그린 / 그린

1

바구니 안 오아시스 위에 오렌지모스, 그린모스를 깔아준다. (화기 베이스 세팅법 12p 참조)

2

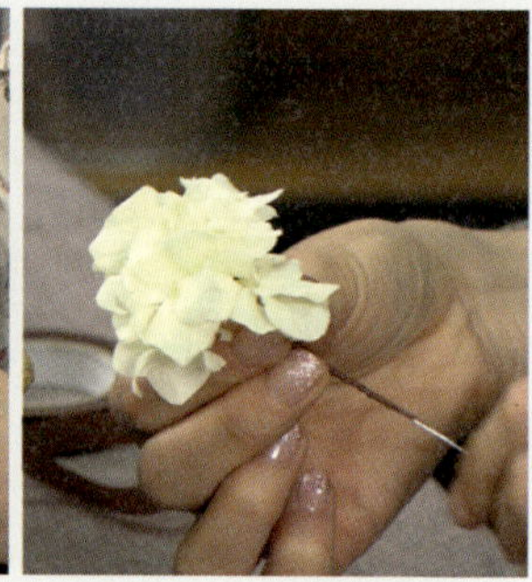

장미와 그린 소재 등을 와이어 피어싱을 하고 플로랄테이프 처리를 한다. (와이어 기법 13p, 플로랄테이핑 처리법 19p 참조)

3

작업한 장미를 사선으로 잘라준다.

4

장미와 카네이션을 사선으로 바구니 높이 3/2 정도로 맞춰 사방에서 볼 수 있게 지그재그로 꽂는다.

5

그린 베이스 역할을 하는 그린수국을 장미 사이에 볼륨감
있게 꽂아준다.

6

페퍼베리는 수국 사이에 낮게 꽂아준다.

7

허니테일과 니겔라는 높낮이를 조금씩 두고 꽂는다.

8

소재들을 정리하여 완성한다.

한없이 투명에 가까운

유리관 액자

장미를 다양하게 표현하는 방법의 하나로 장미를 반으로 자르는 콜라주 기법과 멜리아 기법으로 장미를 키워 포인트가 되도록 꾸며준다. 액자 프레임 컬러에 따라 꽃의 종류와 색상도 달라진다. 평소 좋아하는 꽃이나 컬러를 사용해보는 것도 좋다.

How to make

액자, 장미, 목화솜, 소프트 소엽 유카리, 페퍼베리, 골든볼, 휘비키아

도구 글루건, 핀셋, 가위

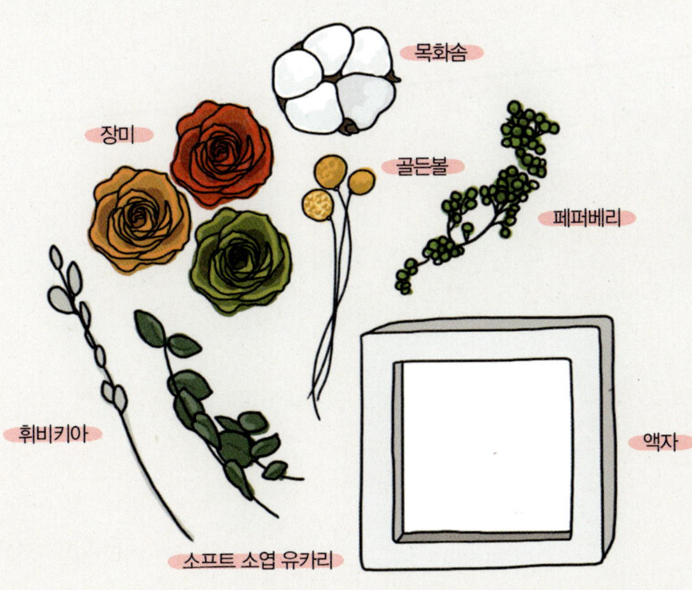

---

color

\# 고즈넉한 \# 편안한 \# 온화한

Tone / 연한 톤(Pale) / 엷은 톤(Light) / 밝은 톤(Bright) / 어두운 톤(Dark)

Main Color / 아이스옐로우 / 아이스그린 / 오렌지

Complementary / 그린 / 파인그린 / 옐로우

1

액자 판에 장미 받침을 떼어 짧게 잘라 붙인다.

2

글루로 장미를 붙여 키운다. (멜리아 기법 21p 참조)

3

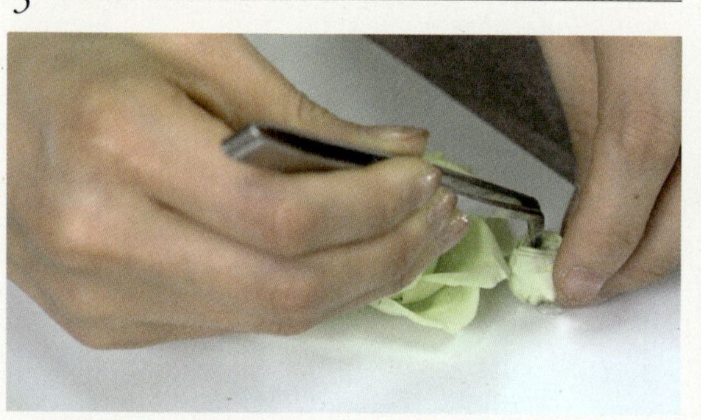

떼어 낸 장미잎을 반으로 잘라 붙여준다.

4

장미 옆에 목화를 붙인다.

5

페퍼베리는 장미 주변에, 유칼립투스는 장미 위쪽으로 붙여준다.

6

목화솜을 떼어서 유칼립투스 옆에 붙인다.

7

골든볼은 포인트가 되도록 주황, 노랑 장미 위에 붙인다.

8

소재들을 정리하고 뚜껑을 덮어서 잘 닫히는지 확인하고 마무리한다.

공간을 수놓은 붉은 물결

햇박스

햇박스의 빈티지하고 내추럴한 이미지를 표현할 수 있는 컬러의 소재들로 연출한다. 소재의 종류와 컬러는 햇박스의 크기, 컬러, 질감을 보고 선택하면 된다. 오픈된 바구니가 아닌 뚜껑이 달린 햇박스는 중심이 포인트가 되도록 풍성하게 꽂아주면 예쁘다. 특히, 장미를 사용하면 볼륨감 있고 풍성한 느낌의 햇박스가 된다.

How to make

햇박스, 장미, 수국, 라그라스, 라이스플라워, 페퍼베리

도구 와이어, 플로랄테이프, 핀셋, 가위

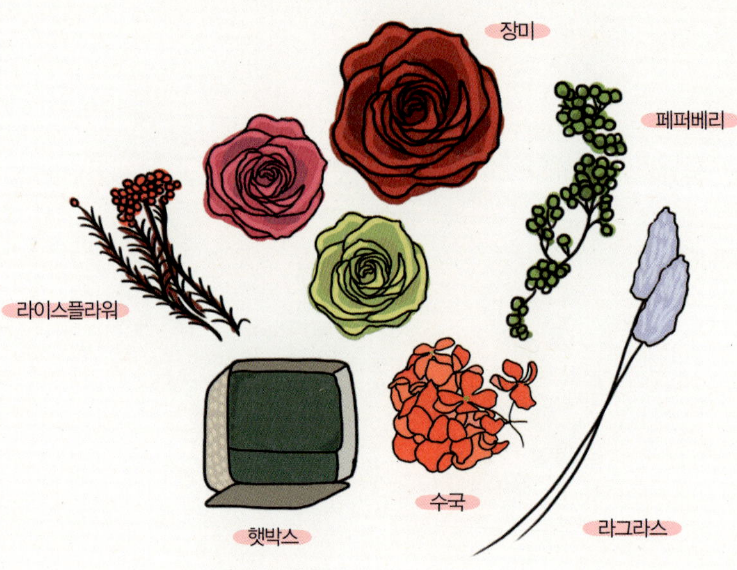

---

color

\# 화려한 \# 화사한 \# 자 극적인 \# 매력적인 \# 원숙한

Tone / 연한 톤(Pale) / 엷은 톤(Light) / 밝은 톤(Bright) / 선명한 톤(Vivid) / 어두운 톤(Dark)

Main Color / 파스텔핑크 / 파스텔옐로우그린

Complementary / 코랄레드 / 레드 / 버건디 / 라이트옐로우그린 / 옐로우그린 / 피치핑크 /

코랄핑크 / 라이트그레이

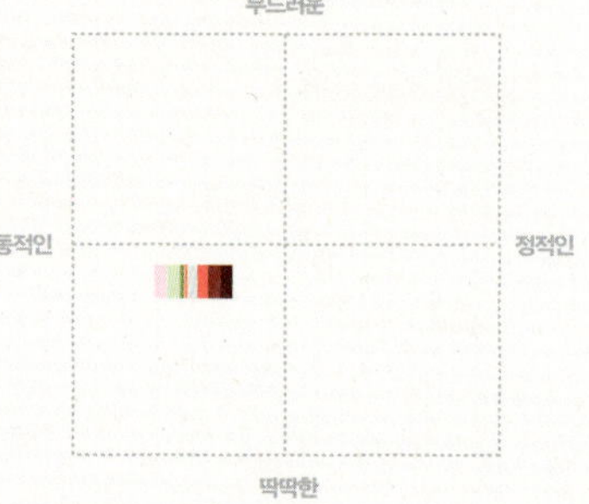

1

바구니 안에 오아시스를 잘라서 넣어 고정시켜 준다. (화기 베이스 세팅법 12p 참조)

2

장미, 수국, 라이스플라워를 와이어 피어싱, 플로랄테이핑 처리한다. (와이어 기법 13p, 플로랄테이핑 처리법 19p 참조)

3

구획을 나눠 수국을 꽂아준다.

4

수국 사이에 높낮이를 살짝 주어 장미를 꽂는다.

5

라이스플라워, 라그라스, 페퍼베리, 장미, 수국 사이에 높낮이를 주어 꽂으며 완성해나간다.

6

뚜껑이 살짝 닫히는지 확인하고 마무리한다.

Tip

꽃이 눌리지 않게 라이스플라워 줄기를 바구니 뚜껑 양쪽에 꽂아 주어
도 좋다.

로즈 멜리아  부케

장미는 굳이 긴 설명이 필요 없을 정도로 옛날부터 사랑의 표현과 결실의 상징으로 여겨
지는 대표적인 사랑의 꽃이다. 요즘은 장미를 포함한 다양한 소재와 디자인의 부케가 사
랑받고 있다. 부케는 신부의 드레스나 결혼식장 분위기에 잘 어울리는 것을 선택하는 경
우가 많은데, 유명인들의 결혼식에서 쓰인 부케가 유행을 타기도 한다.
'스타일이 곧 로맨틱'이라고 여기는 사람들이 많아지고 있는 요즘, 특별하고 소중한 날,
자신에게 가장 잘 어울리는 특별한 부케를 추천한다.

How to make

준비물

장미, 안개꽃, 유칼립투스
도구 리본, 레이스 부케홀더, 글루건, 핀셋, 플로랄테이프, 휴지, 가위

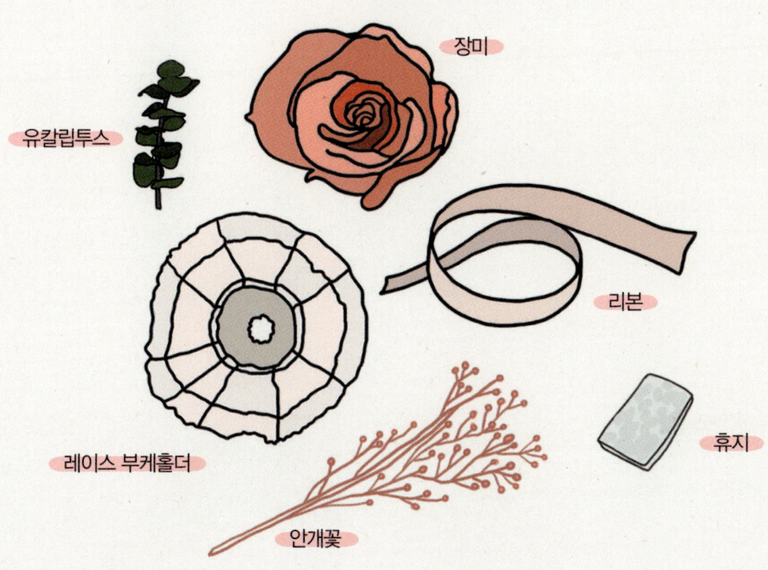

color

\# 로맨틱 \# 감미로운 \# 부드러운 \# 여성적인 \# 낭만적인

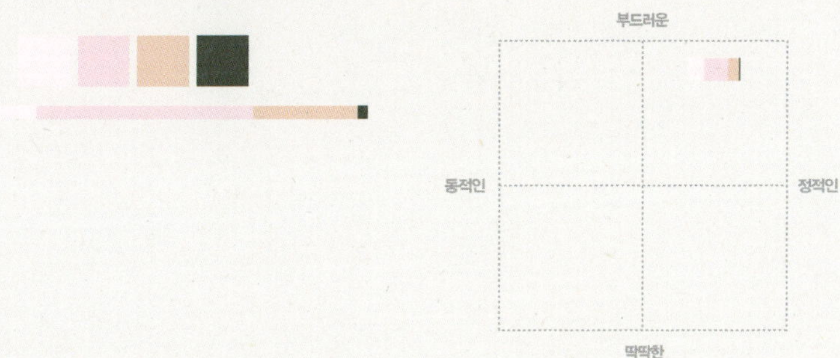

Tone / 연한 톤(Pale) / 엷은 톤(Light)
Main Color / 파스텔핑크 / 코랄핑크
Complementary / 화이트

1  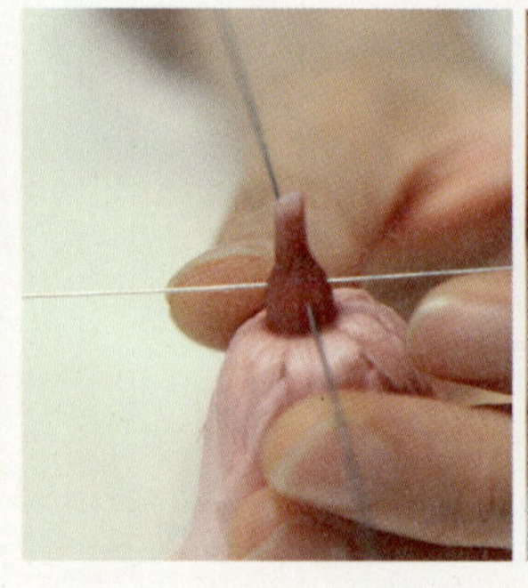 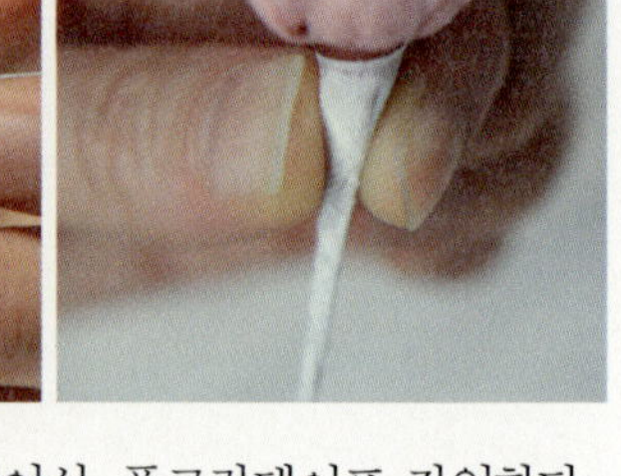

장미의 잎사귀를 2/3 정도 남겨두고 크기별로 떼어낸다.
(멜리아 기법 21p 참조)

2

떼어낸 장미를 와이어 피어싱, 플로랄테이프 작업한다.
(와이어 기법 13p, 플로랄테이핑 처리법 19p 참조)

3   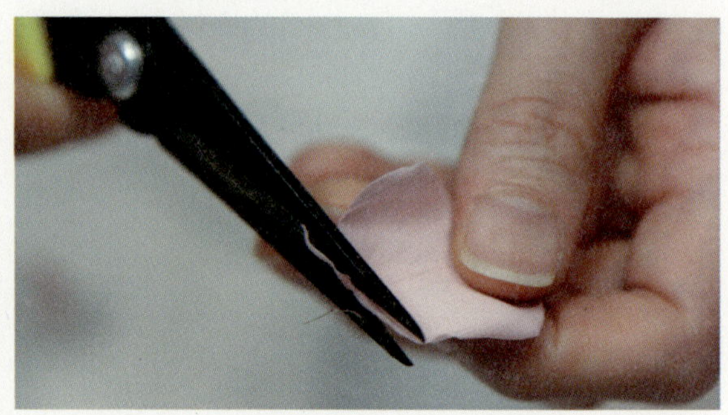

장미 사이를 벌려 글루로 크기를 키워준다.

4

떼어낸 장미 잎사귀 받침 부분을 살짝 잘라준다.

5

꽃받침을 글루로 고정시키고, 장미잎의 간격을 조금씩 주면서 밸런스를 맞춰 크기를 키워가며 붙인다.

6

안개꽃을 장미잎 사이에 조금씩 끼어 붙여주고, 유칼립투스도 포인트가 되도록 한쪽에 끼어 붙여준다.

7

손잡이 부분에 텐션감을 주기 위해 휴지를 도톰하게 감는다.

휴지를 덧대고, 플로랄테이프로 감아준다. 레이스 홀더 안
에 부케를 꽂아 꽃받침을 만들어준다.

8

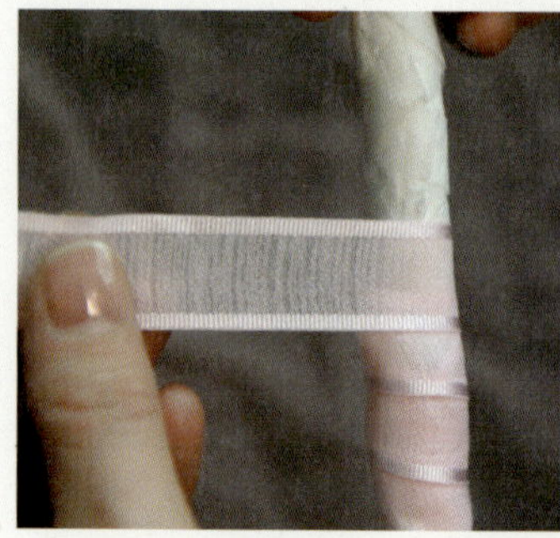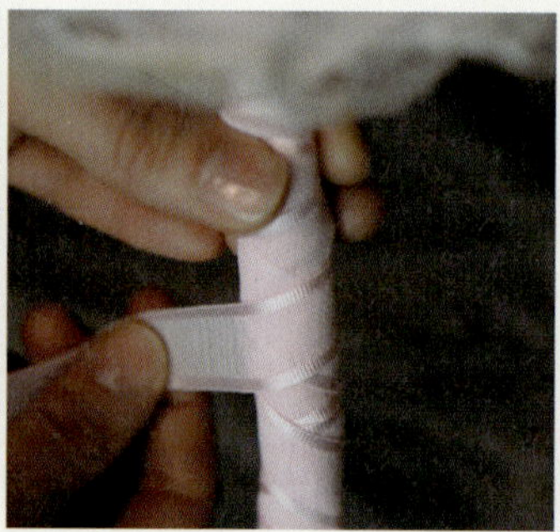

리본으로 손잡이 부분을 위, 아래로 감아주고, 윗부분에 글루를 이용해서 리본을 고정시켜 마무리한다.

Tip

장미잎을 떼어서 또 다른 형태의 꽃을 만들어낸다. 리본으로 잎사귀 부분을 만들어 멜리아 부케의 받침을 만들어도 되고, 꽃 색상보다 진한 리본을
선택해서 감아도 좋다.

우아한 오브제

유리화기

아담하고 독특한 형태의 유리화기에 장미만을 이용해서 일직선으로 꾸며 작은 소품을
만들었다. 공간이 좁은 곳에 잘 어울리는 디자인으로 포인트가 되는 장미컬러를 선택해
주면 좋다. 시원한 느낌을 주는 유리화기에 민트블루장미가 특히 여름과 잘 어울린다.

─ 준
비
물 ─

유리화기, 미니장미, 마르카리타, 모스

도구 와이어, 핀셋, 가위

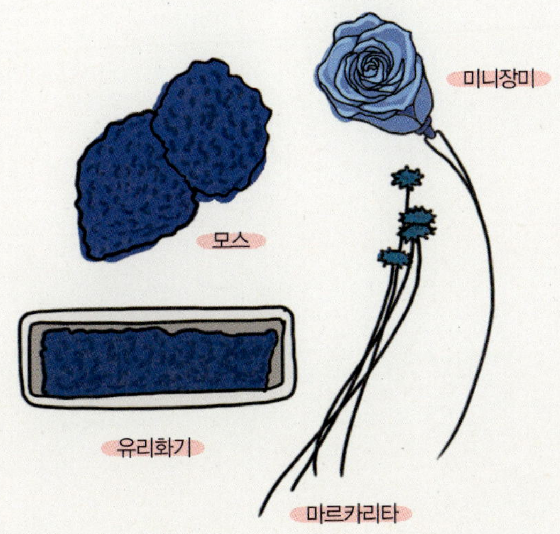

─ color ─

모던한 # 세련된 # 맑은

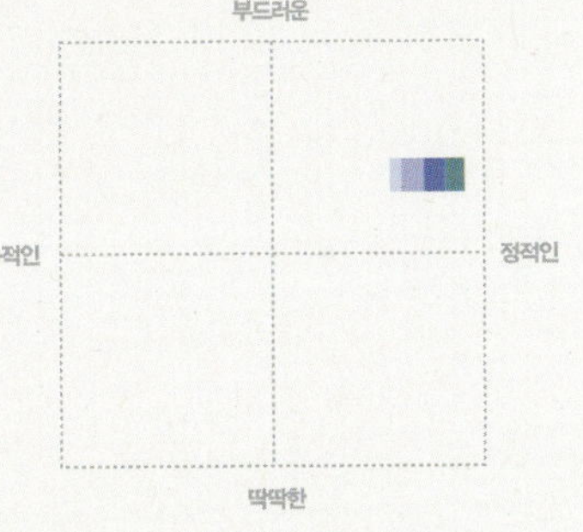

Tone / 연한 톤(Pale) / 엷은 톤(Light) / 밝은 톤(Bright) / 수수한 톤(Dull)

Main Color / 파스텔블루 / 라이트블루 / 미디엄블루

Complementary / 파스텔터쿼이즈

1

유리화기에 모스를 채운다.

2

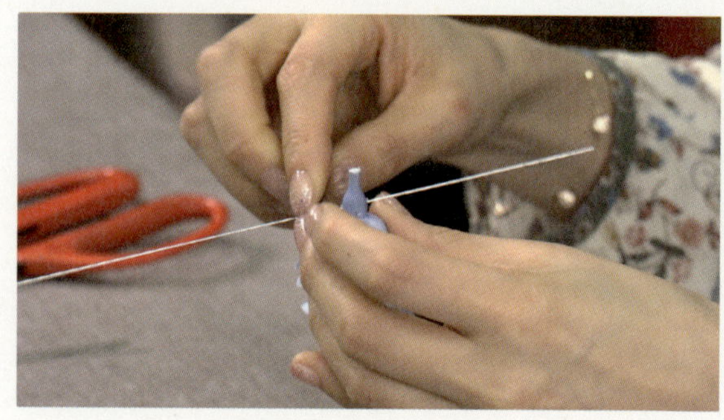

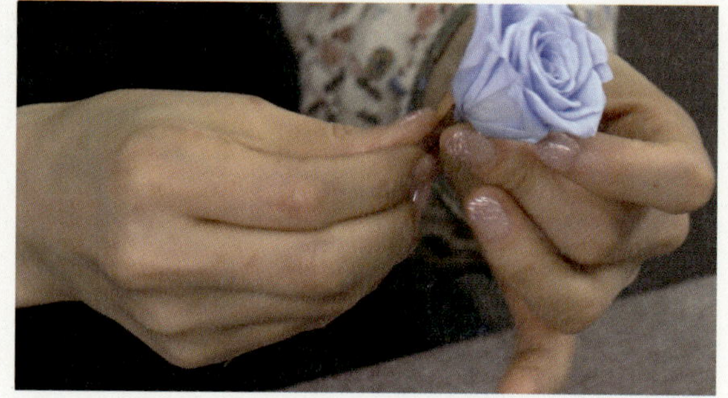

미니장미를 와이어 피어싱, 플로랄테이핑 처리한다. (와이어 기법 13p, 플로랄테이핑 처리법 19p 참조)

3

유리화기에 높낮이를 맞춰 일직선으로 어렌지해준다.

4

장미 사이사이에 마르카리타를 꽂아준다.

5

소재들을 잘 정리하여 마무리한다.

Tip

간단하고 쉽게 만들 수 있는 아이템으로, 포인트가 되도록 컬러별로 해
놓으면 특별한 공간 연출이 가능하다.

아름다운 추억을 당신과 함께

장미 그린리스

서양에서는 리스를 현관이나 방문에 걸어두면, 행운이 찾아오고 집에 방문하는 손님들의 행운을 빌어 주는 아이템으로 여겼다. 그래서인지 행운의 상징인 리스는 언제나 인기가 좋다. 특히, 계절에 맞는 꽃 소재를 이용해주면 더 좋은데 요즘은 그린 소재를 이용한 리스가 인기 있다. 친환경적인 소재의 느낌은 안정감을 주고 오래 보아도 질리지 않는다. 유칼립투스만의 내추럴한 이미지에 장미를 사이에 넣고, 무광택 리본까지 더해 마무리하면 여성스럽고 고급스러운 이미지를 더할 수 있다. 유칼립투스의 은은한 향기도 참 좋다.

How to make

리스틀(25cm 정도), 유칼립투스, 장미, 허니테일, 수국

도구 리본, 글루건, 핀셋, 가위

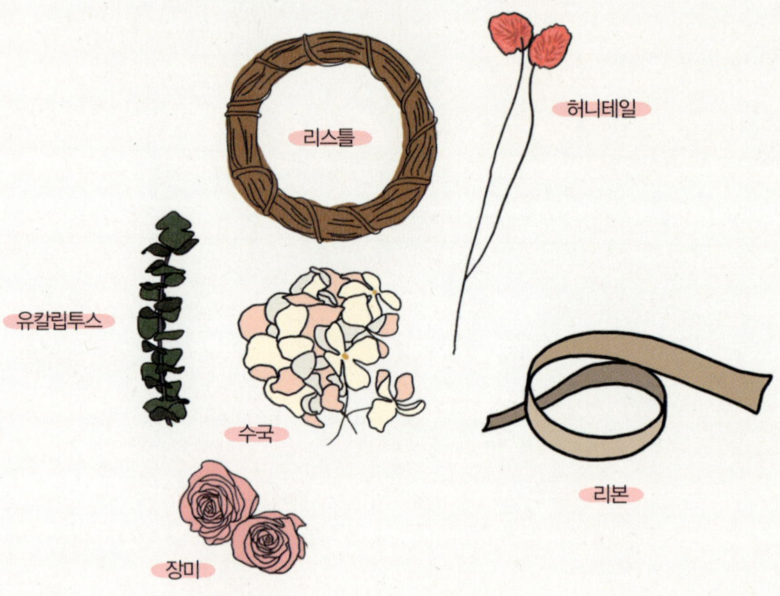

---

color

＃차분한＃추억이 느껴지는

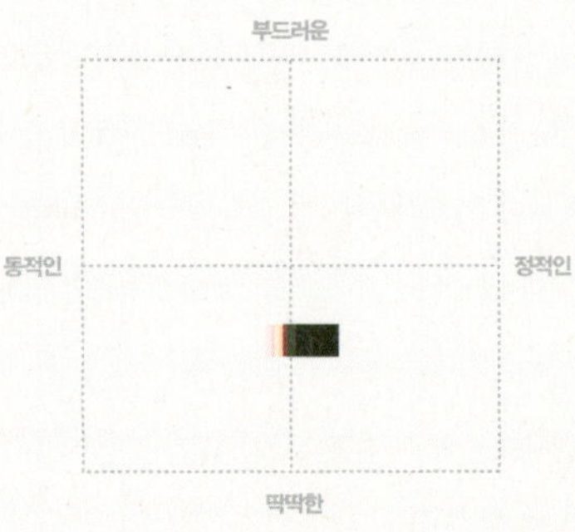

Tone / 연한 톤(Pale) / 엷은 톤(light) / 둔탁한 톤(Dull) / 진한 톤(Deep)

Main Color / 베이비핑크 / 파스텔핑크 / 피치핑크 / 라이트오렌지

Complementary / 딥그린 / 레드

1

유칼립투스를 짧게 잘라 글루를 이용하여 리스틀 2/3 이상에 꽂아 고정시킨다.

2

장미를 유칼립투스 사이에 붙인다. 핀셋으로 장미를 조금 키우고, 장미 두 송이 정도를 반대편에 붙여준다.

3 ————————————

장미와 유칼립투스 사이에 수국을 꽂는다.

4 ————————————

장미, 유칼립투스, 수국 사이에 허니테일을 꽂아준다.

5 ————————————

걸어놓을 장소에 맞춰 리본 길이를 잰다.

6 ————————————

리본을 고리줄 모양으로 만들어 묶고 마무리한다.

Tip ————————————

리스틀에 다양한 소재(그린 소재, 계절 꽃 등)를 활용하여 연출하고, 광택 없는 리본으로 자연스러움을 표현하였다.

꽃잎에 스며든 로맨스

꽃반지

'진심'이라는 꽃말을 가진 수국으로 만든 꽃반지로 특별한 프러포즈를 하는 사람이 많아 졌다. 한 번쯤 어린 시절 들꽃을 꺾어 손가락에 감아 꽃반지를 끼워 본 경험이 있을 것이 다. 가장 아름답고 행복한 날에 프리저브드 수국으로 만든 세상에 하나밖에 없는 직접 만든 꽃반지를 친구에게 선물해 나눠 끼거나 사랑하는 사람에게 선물하기 좋은 아이템 이다.

How to make

── 준비물 ──

반지대, 수국, 안개꽃, 진주, 펠트지

도구 글루건, 핀셋, 가위

──── color ────

⧣ 소프트 ⧣ 여성스러운

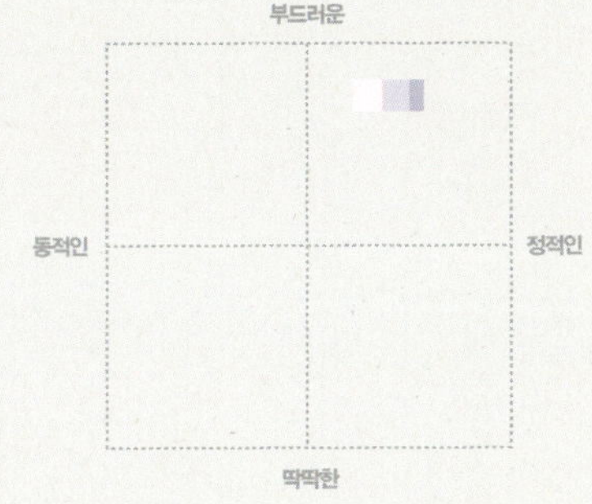

Tone / 연한 톤(Pale) / 엷은 톤(Light) / 밝은 회색톤(Light Grayish)

Main Color / 아이스바이올렛 / 라이트바이올렛 / 라이트라벤더

Complementary / 파스텔핑크 / 화이트

1 ————————————————————————————

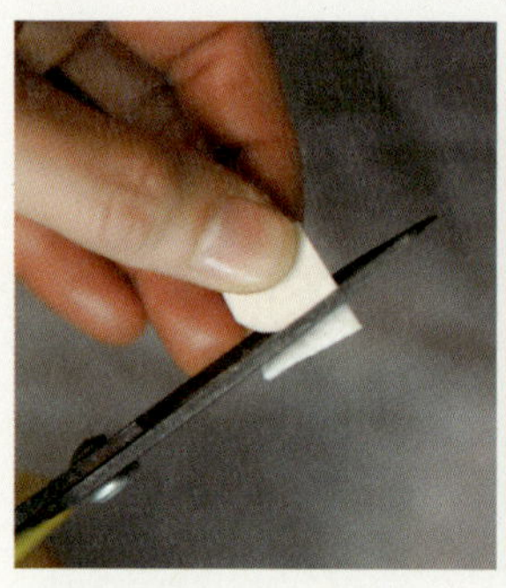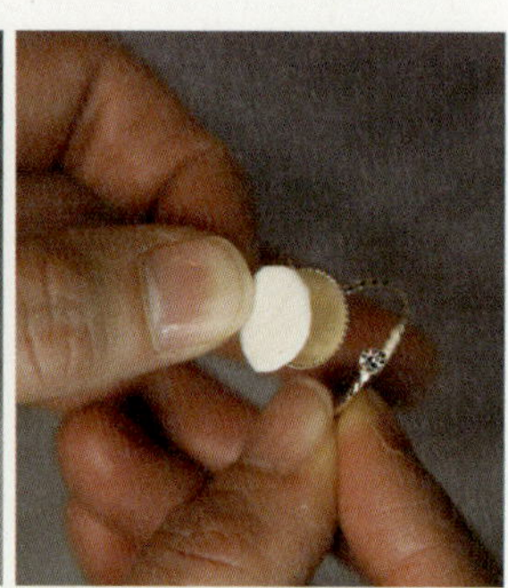

반지대에 맞게 펠트지를 잘라서 붙인다.

Tip ————————————————————————————

반지대에 글루를 이용해서 붙이면 거미줄 같은 것이 생기게 되는데, 마무리할 때 정리해주어야 한다.

2 ————————————————————————————

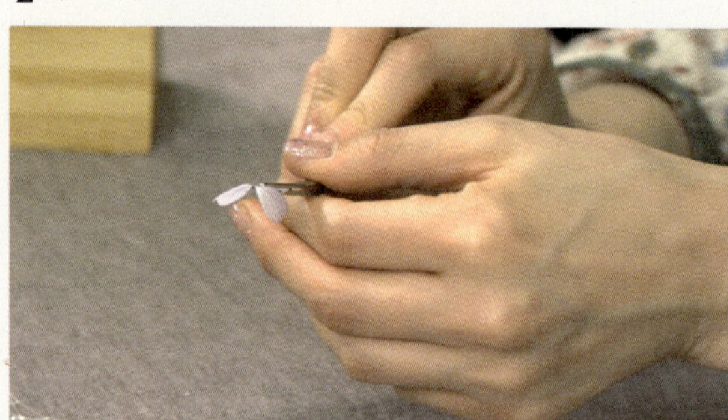

핀셋으로 수국을 한 잎 한 잎 떼어 풍성한 수국 모양이 나올 수 있도록 반지대에 붙인다.

3 ─────────────

수국의 모양이 풍성하도록 겹치게 붙여준다.

Tip ─────────────

핀셋을 이용해서 작업을 할 경우 힘 조절을 잘못하면 수국잎이 찢어질 수 있으니 주의한다.

4 ─────────────

안개꽃을 수국 가운데 붙인다.

5 ─────────────

줄진주를 잘라 수국 잎에 붙여준다.

6 ─────────────

손가락에 끼워보고 마무리한다.

순수한 사랑의 약속

꽃팔찌

수국을 이용해서 새로운 스타일의 꽃팔찌를 완성해보자. 친구들끼리 꽃팔찌를 나눠 차고 우정을 확인하는 특별한 추억을 만들어 보거나 자신만의 웨딩소품을 직접 만들어 가장 행복한 순간을 느껴보자.

준비물

수국, 라이스플라워, 허니테일, 펠트지
도구 리본, 레이스, 진주, 핀셋, 가위

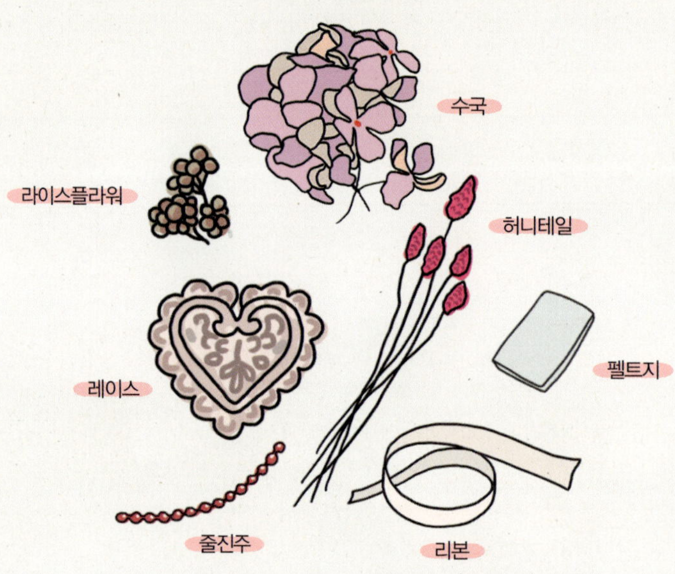

color

\# 부드러운 \# 여성스러운 \# 은은한

Tone / 연한 톤(Pale) / 엷은 톤(Light) / 밝은 회색톤(Light Grayish) / 밝은 톤(Bright)
Main Color / 아이스바이올렛 / 라이트바이올렛
Complementary / 파스텔핑크 / 핑크

1

펠트지에 레이스를 붙이고, 뒤집어 리본 끈을 붙인다.

2

핀셋을 이용해서 수국잎을 하나씩 떼어 붙여준다.

3

라이스플라워를 작게 해서 수국 사이에 붙여준다.

Tip

글루를 이용한 섬세한 작업은 핀셋을 활용한다.

4

수국 사이에 줄진주를 잘라 붙여준다.

5

수국잎을 겹겹이 풍성하게 붙이고, 허니테일도 포인트가
되도록 길이를 주면서 붙인다.

6
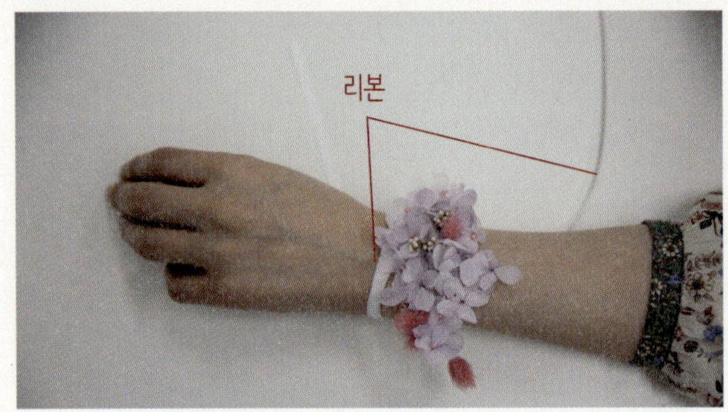

팔에 리본을 두 번 정도 감아 길이를 확인하고, 마무리한다.

달을 닮은 너에게

화관

어렸을 때 들꽃을 뜯어 머리에 꽂으며 놀아본 추억이 한 번쯤 있을 것이다. 요즘 다시 나만의 화관을 직접 만들어 친구들과 사진을 찍거나 웨딩 촬영하는 것이 유행이 되었다. 드레스 디자인이나 컬러에 맞게 소재를 선택하면 좋다. 직접 만든 화관으로 소중한 사람과의 행복한 추억을 만들어보자.

How to make

리스틀(넝쿨가지 화관틀), 수국, 안개꽃

도구 오간디 리본, 지철사, 가위

---

color

\# 여성스러운 \# 고상한 \# 우아한 \# 차분한

Tone / 연한 톤(Pale) / 엷은 톤(Light) / 밝은 회색톤(Light Grayish) / 수수한 톤(Dull)

Main Color / 아이스바이올렛 / 라이트바이올렛 / 그레이바이올렛 / 라벤더

Complementary / 화이트옐로우 / 소프트핑크

1 

머리 둘레에 맞게 리스틀을 동그란 모양으로 조절해서 만든다.

2 

수국, 안개를 짧게 와이어 피어싱 작업한다. (와이어 기법 13p 참조)

3 

와이어 피어싱한 수국을 짧게 잘라 틀에 지그재그로 감아서 고정시킨다.

4

수국을 풍성하게 한 방향으로 채운다. 리본 묶을 자리는
남겨둔다.

5

안개를 수국 사이사이에 고정해 채워준다.

6

남겨둔 자리에 오간디 리본을 이용해서 리본을 길게 묶어
주고 마무리한다.

Tip

들꽃 같은 하늘하늘한 이미지의 수국과 드레스 느낌과 연결되는 오간디
리본으로 마무리하여 볼륨감 있는 화관을 연출하였다.

싱그러움이 그리운 날에
모스화기

시멘트 화기와 잘 어울리는 모스와 색깔돌까지 넣어 자연스러운 이미지를 더한 작품이
다. 특히 모스는 공기정화 기능과 온습도 조절을 하여 건조한 계절에 알맞은 소재로, 다
양한 작품에 빠져서는 안 된다. 인테리어 소품으로도 활용할 수 있고, 벽면을 모스로 채
워 천연 가습기 역할을 하는 공간장식으로도 인기가 많다.

How to make

시멘트 화기, 색깔돌, 모스, 마르카리타

도구 글루건, 핀셋, 가위

---

color

\# 깨끗한 \# 자연적인 \# 생기 있는

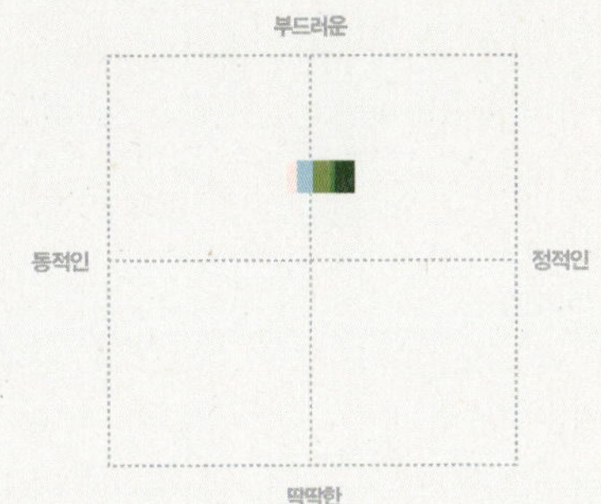

Tone / 연한 톤(Pale) / 엷은 톤(Light) / 둔탁한 톤(Dull) / 밝은 톤(Bright) / 진한 톤(Deep)

Main Color / 베이비핑크 / 아쿠아블루

Complementary / 옐로우그린 / 애플그린 / 딥그린

1

오아시스를 시멘트 화기 높이의 2/3 정도로 고정시키고, 색깔돌을 깔아준다. (화기 베이스 세팅법 12p 참조)

2

화기 안에 모스를 채운다.

3

모스 위에 색깔돌을 깔아준다.

Tip

자연적인 느낌의 모스는 시멘트 화기의 질감과 잘 어울린다. 또한 모스의 색깔과 같은 색 돌을 깔아주면 안정감 있는 느낌으로 연출할 수 있다.

4

핀셋을 이용하여 모스를 볼륨감 있도록 동그랗게 채워준다.

5

마르카리타를 모스 사이사이에 살짝 높낮이를 주면서 꽂아주고 마무리한다.

Tip

모스로만 연출해도 좋지만 마르카리타를 함께 꽂아주면 조금 더 자연스러운 연출이 가능하다. 모스화기는 햇빛이 없는 곳에 두고, 모스에 물을 주지 않아도 된다.

유리돔

투명한 유리돔 안 꽃을 감상할 수 있는 디자인이다. '미녀와 야수' 영화에 장미돔이 나와 인기를 끌면서 꽃 대신 귀엽고 깜찍한 피규어를 넣어 만든 인테리어 소품도 많이 찾는 아이템이 되었다. 돔이 닫혀있어 먼지나 온습도 관리에 탁월하며, 돔을 오픈하면 또 다른 느낌이 난다.

How to make

유리돔, 장미, 유칼립투스, 수국, 버튼플라워

도구 와이어, 오아시스, 가위

color

청아하고 # 우아한 # 깨끗한 # 세련된

Tone / 연한 톤(Pale) / 엷은 톤(Light) / 밝은 톤(Bright) / 다크 톤(Dark)

Main Color / 파스텔블루 / 라이트블루 / 미디엄블루

Complementary / 아이스바이올렛 / 라이트바이올렛 / 파스텔아쿠아 / 네이비 / 파인그린

1

큐브돔 바닥에 오아시스를 조금 잘라 붙여준다. (화기 베이스 세팅법 12p 참조)

신비스러운 느낌의 유리돔은 여러 가지의 소재를 이용하는 것 보다 한두 가지의 소재로 포인트 되게 연출하는 것이 좋다.

143

2

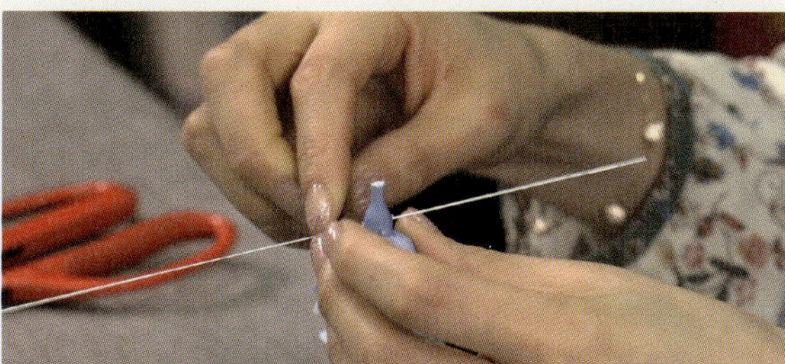

장미와 수국을 와이어 피어싱, 플로랄테이핑 작업한다. (와이어 기법 13p, 플로랄테이핑 처리법 15p 참조)

3

유칼립투스를 잘라 높낮이를 조절하며 안쪽으로 모아 오아시스에 꽂는다. 이때, 제대로 고정하기 위해 유칼립투스에 글루를 이용해서 꽂아주어도 된다.

4

장미를 유칼립투스 안쪽으로 수직 수평형이 되도록 꽂아준다.

5 ————————

수국은 장미 옆에 낮게 꽂아준다.

6 ————————

버튼플라워도 높낮이를 주면서 장미 사이에 꽂는다.

7 ————————

유리 뚜껑을 닫아 마무리해준다.

Tip ————————

동그랗게 수직으로 꽂아 연출하여 덮었을 때 돔에 소재가 닿지 않도록 주의한다.

따뜻하고, 충만하게
캔들 홀더

은은한 투톤 컬러의 수국을 이용하여 테이블 위 캔들 홀더를 만들었다. 같은 컬러의 리본을 이용해서 한쪽 부분에 포인트를 주었다. 평범한 공간에 멋을 더해 주고 싶을 때 프리저브드 플라워로 만든 캔들 홀더는 일상을 한 뼘 더 운치 있게 만들어 줄 것이다.

How to make

리스틀(10cm 정도), 수국, 마르카리타, 캔들

도구 리본, 글루건, 핀셋

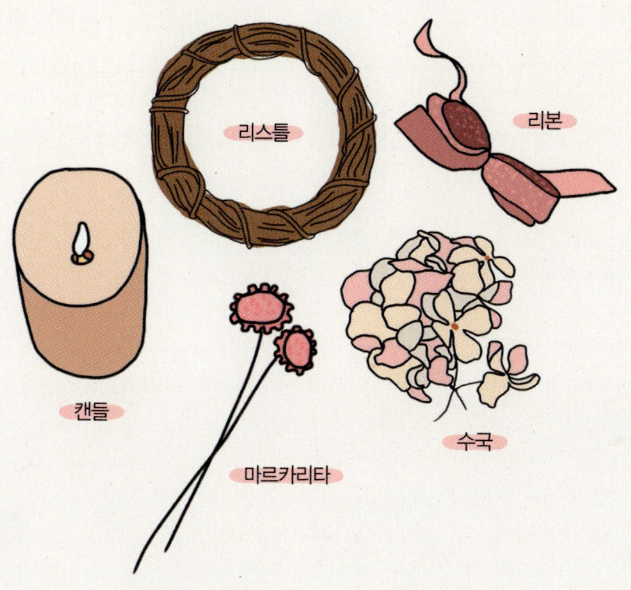

---

color

\# 로맨틱 \# 부드러운 \# 여성적인 \# 낭만적인

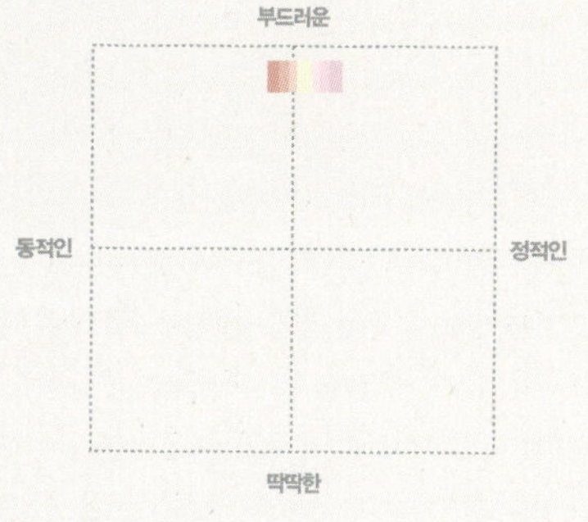

Tone / 연한 톤(Pale) / 엷은 톤(Light)

Main Color / 코랄핑크 / 피치핑크 / 파스텔핑크

Complementary / 아이보리

1

수국을 조금씩 리스틀에 붙여준다.

2

리본 꽃을 자리를 남겨두고, 리스틀에 투톤의 수국을 채워
가며 붙인다.

3

수국 사이에 마르카리타(핑크)를 붙여준다.

4

리본을 리스틀 사이에 꽂아 고정시키고, 수국도 정리하여
마무리한다.

계절 감성을 가득 담은

유칼립투스 가랜드

주인공이 되는 꽃은 유칼립투스다. 그린 소재는 화려한 것보다는 내추럴한 소재를 이용하는 것이 좋다. 꽃이 줄 수 없는 또 다른 매력을 가지고 있는 그린 소재만으로도 충분히 작품을 만들 수 있다. 리본으로 살짝 묶거나 마끈을 이용해서 걸어주어도 좋다. 화려한 꽃에 버금가는 또 다른 아름다움으로 집안에 포인트가 되어준다.

How to make

유칼립투스, 카나리, 허니테일

도구 리본, 플로랄테이프, 핀셋, 가위

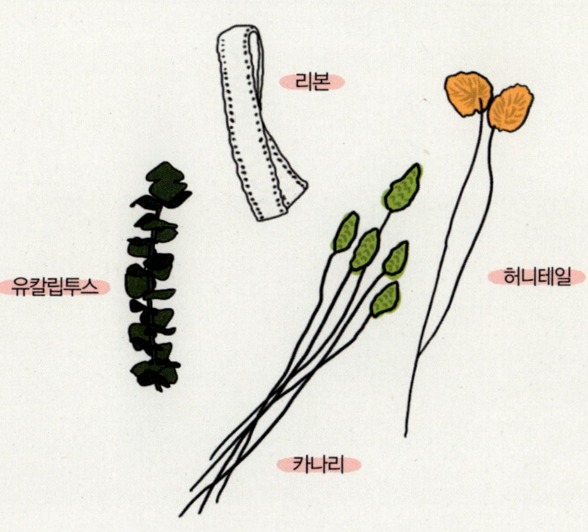

---

color

수수한 # 자연스러운 # 소박한

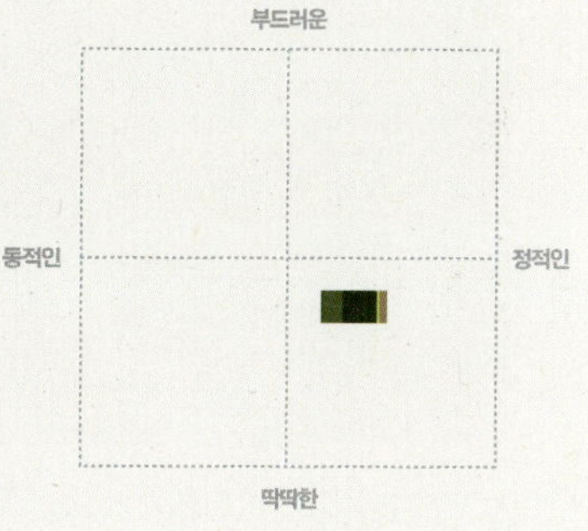

Tone / 옅은 톤(light) / 둔탁한 톤(Dull) / 진한 톤(Deep)

Main Color / 딥그린

Complementary / 라이트옐로우그린, 모스그레이

1

유칼립투스의 높낮이를 정리해준다.

2

사선으로 균형 있게 양쪽의 밸런스를 맞춰주고, 가운데 부분을 잡아서 플로랄테이프로 묶는다.

3

카나리를 유칼립투스 사이에 길이감을 주며 꽂아준다.

4

플로랄테이프로 감은 가운데 부분을 가리기 위한 리본을 묶고, 지철사로 고정시킨다.

5

리본을 삼각 형태로 만들어 유칼립투스의 뒤편을 양쪽으로 묶어 고정시키고 마무리한다.

Tip

프리저빙된 유칼립투스는 향이 오래가는데, 습한 날에는 향이 더 많이 난다. 대신 유칼립투스의 진액이 나올 수 있으니 주의해야 한다.

행잉 오브제

요즘 인기 있는 행잉 오브제는 리스, 가랜드와는 다르게 사방으로 볼 수 있어 천장을 장식하는 소품으로 많이 연출하고 있다. 새장 모양의 오브제에 그린모스를 베이스로 채우고 포인트가 되는 핑크모스도 채우면 순수한 어린아이 같은 느낌을 표현할 수 있다. 여기에 귀여운 피규어까지 넣어주면 밝은 오브제가 완성된다.

How to make

행잉 화기, 모스, 장미, 수국, 피규어

도구 핀셋, 글루건, 가위

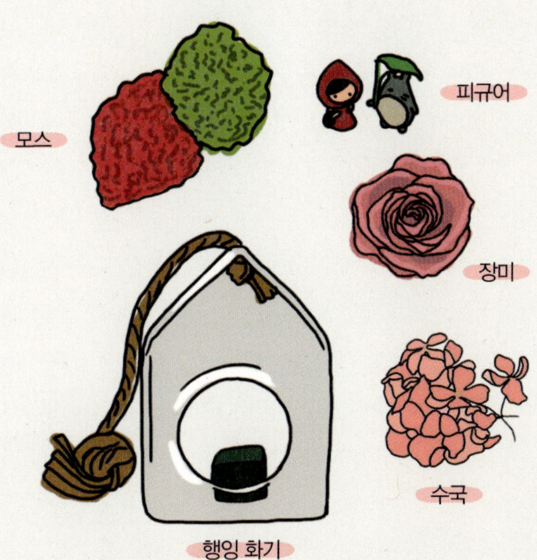

---
color

프리티 # 순수한 # 소녀같은

Tone / 연한 톤(Pale) / 엷은 톤(Light) / 밝은 톤(Bright) / 차분한 톤(Dull)

Main Color / 베이비핑크 / 소프트핑크

Complementary / 소프트후크시아 / 체리핑크 / 애플그린 / 옐로우그린

1 ———————————————

행잉 화기 안에 오아시스를 2cm 정도로 잘라 고정시킨 후, 모스로 오브제 안을 적당히 채운다.

2 ———————————————

수국을 조금씩 잡아 짧게 잘라주고 앞뒤로 꽂아준다.

3 ———————————————

손가락을 이용해 장미 모양을 만들며 살짝 키운다.

4 ———————————————

수국과 모스 사이에 장미를 꽂아준다.

5 ———————————————

좋아하는 피규어를 적당한 곳에 넣어 고정시키고 마무리한다.

여인 액자

독특하고 특별한 느낌 때문에 인테리어 액자로 활용할 수 있으며, 다양한 소재로 손쉽게 만들 수 있는 아이템이다. 한 폭의 그림같이 드레스 입은 여인의 뒷모습을 연출하였다. 복스스 말고 카네이션으로도 치맛자락을 표현하여 여인 액자를 완성할 수 있다.

How to make

액자, 복스스, 안개꽃, 스타플라워

도구 핀셋, 글루건, 가위

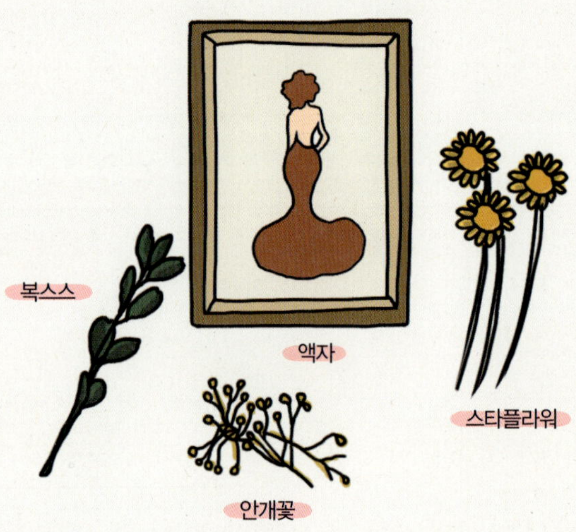

---

color

고전적인 # 깊이 있는

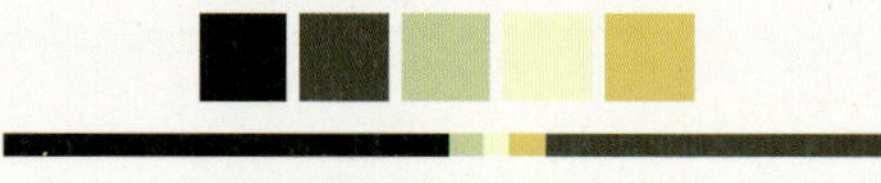

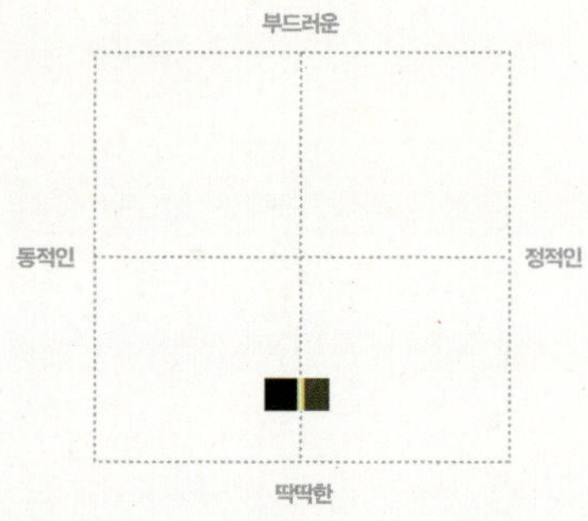

Tone / 어두운 톤(Dark) / 둔탁한 톤(Dull) / 엷은 톤(Light) / 연한 톤(Pale) / 밝은 톤(Bright)

Main Color / 파인그린

Complementary / 라이트옐로우그린 / 화이트옐로우 / 바나나옐로우

1

여인의 뒷모습이 그려진 캔버스 액자를 준비한다.

Tip

글루로 붙이는 과정에서 글루의 거미줄이 생기고 다른 소재에 붙을 수도 있으니, 소재에 글루를 신속하게 붙여 완성해나간다.

2

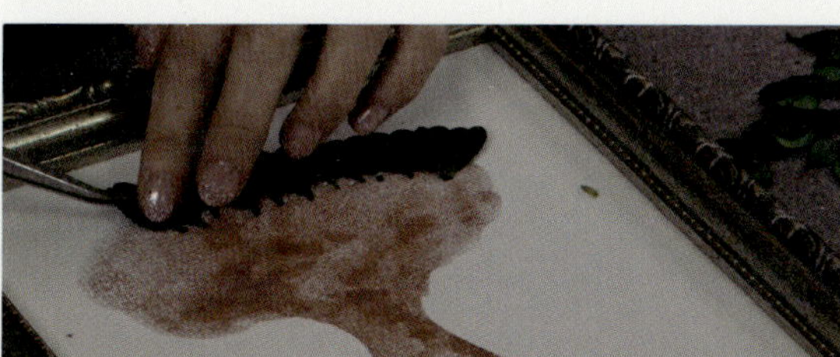

복스스 열매 잎을 떼어서 촘촘히 밸런스를 맞춰 치마선 끝부터 잎 사이를 겹쳐 풍성하게 붙인다.

3

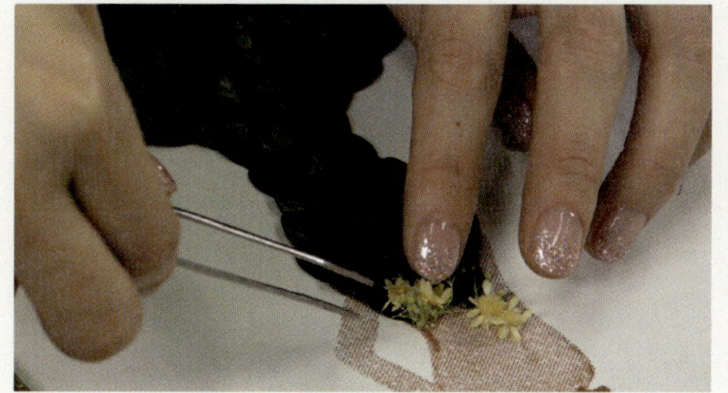

허리선, 엉덩이선은 볼륨감 있게 입체적으로 붙여준다.

4

복스스 소재 사이에 안개꽃이나 스타플라워를 붙여 새초롬한 느낌을 더해 완성한다.

석고 방향제

인테리어 소품이나 방향제로 활용할 수 있으며, 디퓨저와 함께 선물용으로도 괜찮은 아이템이다. 만드는 과정이 간단하여 아이들과 함께 만들어 볼 수 있고, 캘리그래피 같은 글씨나 그림과 함께 꽃으로 장식하여 마무리할 수 있다. 다만, 향의 지속력이 길지 못하고 습기에 약한 것이 단점이다.

How to make

석고틀(하트 모양), 석고가루, 방향제 오일, 버튼플라워, 라이스플라워, 수국, 허니테일, 애플그린

도구 리본, 나무젓가락, 목공풀, 빨대, 핀셋

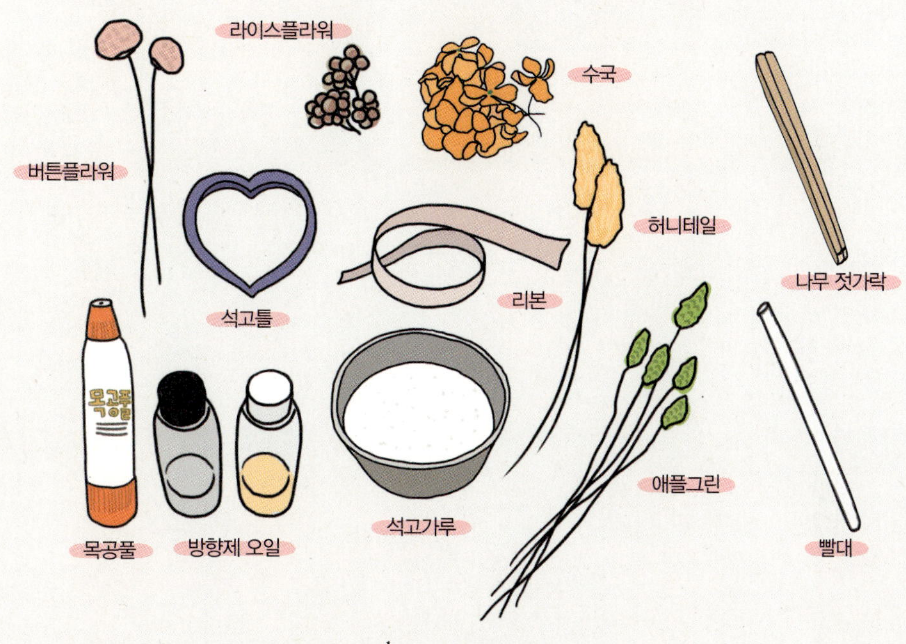

165

color

프리티 # 귀여운 # 사랑스러운 # 달콤한

Tone / 선명한 톤(Vivid) / 엷은 톤(Light) / 밝은 회색톤(Light Grayish) / 수수한 톤(Dull)

Main Color / 옐로우 / 라이트옐로우

Complementary / 웜그레이 / 옐로우그린 / 아잘레아

1

물 1/3을 석고에 붓고, 요플레처럼 걸쭉해지도록 저어준다.

2

요플레 같은 농도가 되었다면, 올리브오일을 넣고 기포가 생기지 않게 한 방향으로 젓는다.

3

몰드에 붓고 기다린다.

4

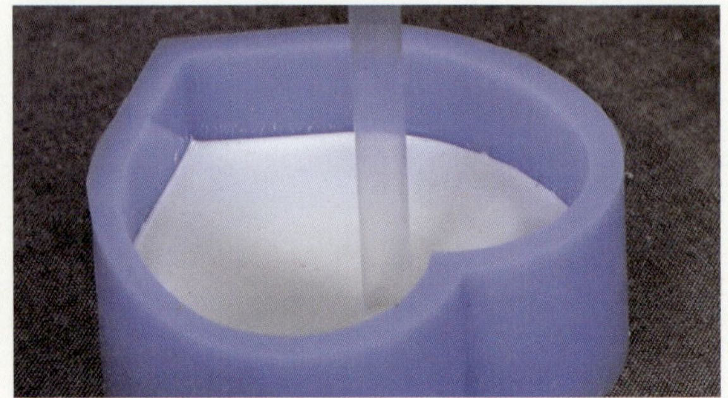

살짝 굳었을 때 리본 구멍이 될 자리에 빨대를 꽂아준다. 어느 정도 굳었다는 느낌이 들 때 빨대를 뺀다.

5

몰드를 만졌을 때 차갑다면 완성된 것이다. 석고를 바닥에 톡톡 쳐 꺼낸다.

6

수국, 라이스플라워, 허니테일을 원하는 곳에 붙여서 꾸민다. 목공풀은 바로 붙지는 않기 때문에 소재들을 손가락으로 몇 초씩 살짝 눌러주면서 붙인다.

7

구멍에 리본을 넣어서 고리를 만들고 마무리한다.

Tip

석고는 굳을 때 열을 내고 완전히 굳으면 다시 차가워진다.

고요한 새벽의 불빛

젠 스타일

젠 스타일답게 선의 절제미와 여백의 미가 느껴지는 디자인이다. 인위적인 수직 수평선을 만들어보는 디자인이기도 하다. '젠'은 '선'의 일본식 발음으로 정갈하고 고요한 느낌과 심플함을 추구하며 동양적인 여백의 미를 중시하는 스타일을 말한다. 20세기 후반 동양의 전통 공간미를 추구하는 오리엔탈리즘과 서양의 미니멀리즘의 중성적인 멋을 살리는 것에서 젠 스타일이 생겨났다. 거추장스러움을 철저히 털어내고 간결함을 추구하는 '젠 스타일'은 부드러운 느낌이 강하다.

How to make

반재 틀, 라임그린, 장미, 수국, 골든볼, 조화열매(히베리캄, 청포도 열매), 종이꽃

도구 와이어, 플로랄테이프, 핀셋, 가위

편안한 # 자연스러운 # 소박한 # 차분한 # 온화한

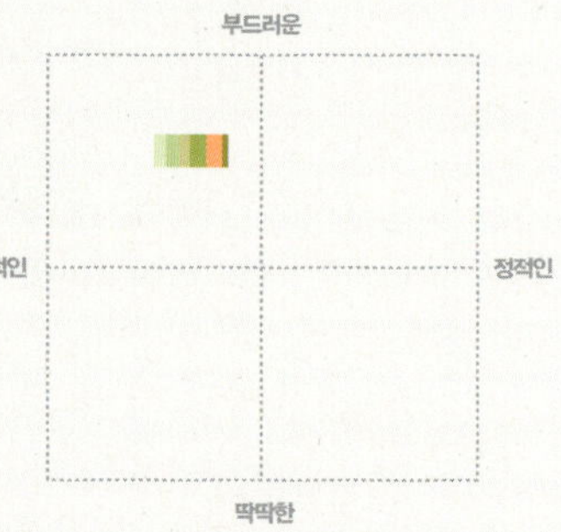

Tone / 연한 톤(Pale) / 엷은 톤(Light) / 밝은 회색톤(Light Grayish) / 수수한 톤(Dull)

Main Color / 라이트새먼

Complementary / 파스텔옐로우그린 / 아이스그린 / 웜그레이 / 소프트옐로우그린

1 ————

반재 틀에 오아시스를 2㎝ 정도 잘라 붙인다. (화기 베이
스 세팅법 12p 참조)

Tip ————

반재틀에 따라 디자인이 달라진다. 많은 소재를 사용하지 않고 선과 여
백으로 젠 스타일을 연출한다.

2 ————

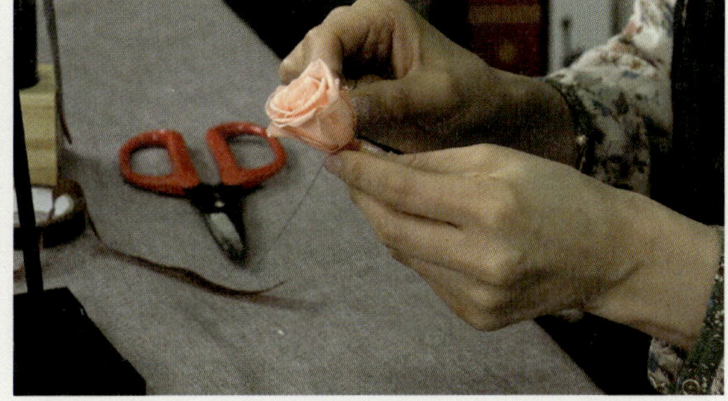

장미와 수국을 와이어 피어싱, 플로랄테이핑 작업해준다. (와이어 기법 13p, 플로랄 테이핑 처리법 19p 참조)

3 ─────────────────────────────

수국은 낮게 오아시스를 감싸듯이 동그랗게 꽂아준다.

172

4 ─────────────────────────────

골든볼도 수직으로 높낮이를 주며 꽂는다.

Tip ─────────────────────────────

소재와 어울리는 튀지 않는 색으로 선택하거나 혹은 그 반대로 포인트
되는 색으로 연출하는 방법도 있다. 계절에 맞는 소재로 꾸며 공간장식
용으로 이용해도 좋다.

5

장미는 골든볼보다 낮게 꽂아준다.

6

종이꽃을 장미 사이에 장미보다 낮고 깊게 꽂는다.

7

조화열매(히베리캄, 청포도 열매)도 수국 사이사이에 장미 앞, 뒤로 꽂아준다.

8

라임그린 소재로 아치 형태의 느낌을 따라 자연스럽게 내려 모양을 잡아 마무리한다.

눈밭 위 로맨스

캔버스 액자

캔버스 액자는 드라이플라워로 꽃 그림을 그린다는 느낌으로 만들면 재밌다. 그린 소재
들만 이용해도 좋고, 입체적으로 볼륨감 있게 붙여 완성해나가면 생각보다 쉽고 간단하
게 만들 수 있다.

How to make

캔버스 이젤, 자나장미(드라이플라워), 수국, 천일홍, 스타플라워

도구 글루건, 핀셋, 가위

---

color

\# 사랑스러운 \# 메르헨 \# 동화 같은

Tone / 연한 톤(Pale) / 엷은 톤(Light) / 밝은 톤(Bright) / 화려한 톤(Vivid) / 둔탁한 톤(Dull)

Main Color / 베이비핑크 / 파스텔핑크 / 올드로즈 / 워터메론

Complementary / 아이보리 / 피치핑크 / 테라코타 / 터콰이즈 / 피콕그린

1

글루를 이용해서 머리만 자른 수국과 장미, 천일홍을 붙여
준다.

2

수국을 볼륨감있게 붙여 채워나간다.

3

스타플라워를 소재들 사이에 살짝 높낮이를 주어 붙인다.

4

장미 얼굴을 한 방향이 아닌 살짝 돌려가며 붙여준다.

Tip

소재들을 붓으로 그림 그리듯이 붙여 나간다.

5 ——————————

스타플라워 줄기의 길이를 다르게 하여 자르고, 소재 사이
사이에 꽂아 마무리한다.

6 ——————————

캘리펜으로 포인트가 되도록 글을 써주어도 좋다.

Tip ——————————

시중에 나와 있는 캘리펜으로 좋아하는 글귀를 적어주면 캔버스 액자의
느낌을 더 살릴 수 있다.

사랑의 시작

─────

🌿 노단새 콘플라워 🌿

영원한 사랑이라는 꽃말을 가진 '노단새'는 봄에 인기가 많은 꽃이다. '로단테'인데 흔히 '노단새'라고 불리고, 바스락거려 '종이꽃'이라고도 불린다. 생화로 있을 때는 줄기에 힘이 없지만 줄기가 마르면서 힘이 생긴다. 색은 핑크와 화이트가 있다.

마포장지는 드라이플라워의 자연스러운 느낌과 잘 어울린다. 손쉽게 꽃다발을 만들 수 있도록 철사를 뒤편에 마에 걸어서 액자 형태의 꽃다발로 활용할 수 있다.

How to make

노단새, 마포장지, 유산지

도구 플로랄테이프, 지철사, 가위

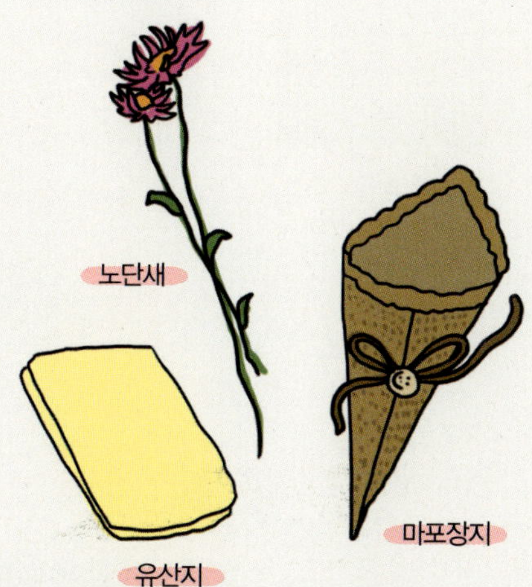

---

color

\# 화사한 \# 올망졸망 \# 새초롬한

Tone / 연한 톤(Pale) / 밝은 톤(Bright) / 수수한 톤(Dull)

Main Color / 파스텔핑크 / 핑크 / 옐로우

1

노단새 줄기를 정리한다.

Tip

바스락거리는 노단새는 살짝만 힘을 주어도 부서지기 쉽다. 손의 힘 조
절을 해가며 정리해야 한다.

2

꽃다발 형태로 잡아, 플로랄테이프로 감아서 고정시킨다.

3

유산지 종이에 노단새 다발을 감싸준다.

Tip

유산지 종이는 꽃을 포장하기 쉽고, 풍성하게 보이도록 연출할 수 있다.
또한 콘 모양으로 만들어진 마포장지에 특별한 기술 없이도 꽃다발을
쉽게 만들 수 있다.

4

유산지에 싼 노단새 다발을 마포장지에 넣고, 마포장지에
지철사로 고리를 만들어 마무리한다.

불타는 사랑

하트 액자

안정감 있는 하트 화기액자에 핑크컬러의 소재들로 연출하고, 나비픽으로 하트 액자의 러블리함을 좀 더 부각시켜 완성하였다. 특별한 날 선물하거나 인테리어 소품으로 이용하면 좋은 아이템이다.

준비물

하트 화기액자, 모스, 마리안느, 카네이션, 수국, 컬러 안개꽃, 나비 금속픽, 모스

도구 리본, 글루건, 핀셋

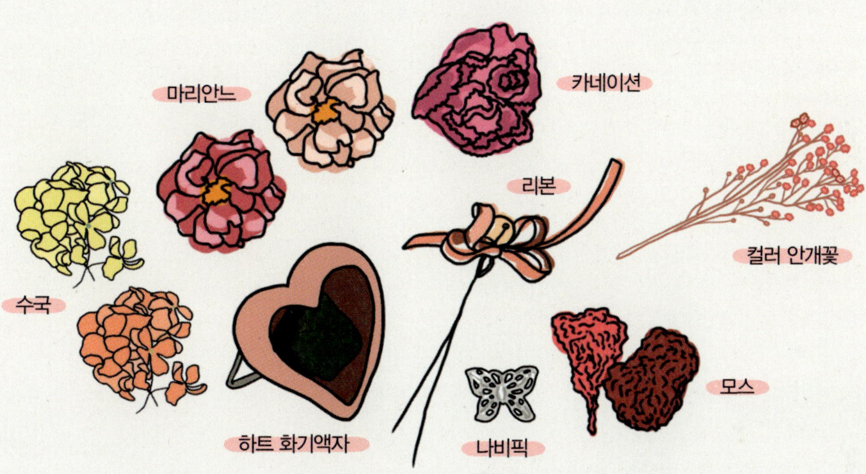

color

로맨틱 # 귀여운 # 사랑스러운

Tone / 연한 톤(Pale) / 엷은 톤(Light) / 진한 톤(Deep)

Main Color / 베이비핑크 / 파우더핑크 / 로즈핑크

Complementary / 화이트핑크 / 코랄핑크 / 아이보리 / 후쿠시아

1

화기 안에 적당한 크기로 자른 오아시스를 붙인다. (화기 베이스 세팅법 129p 참조)

2

글루건을 이용해서 핑크모스를 화기에 얇게 붙여준다.

3

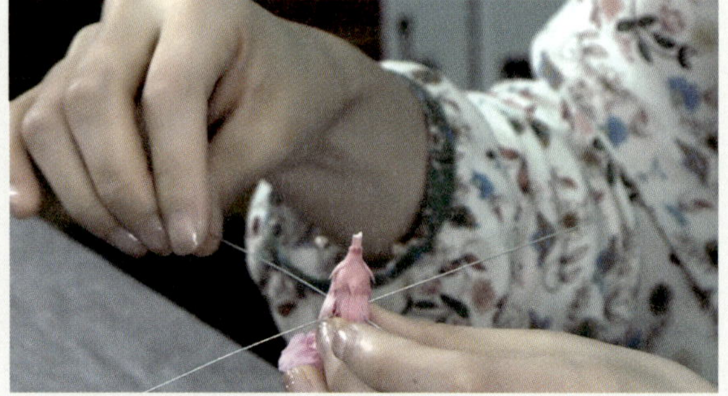

마리안느, 카네이션, 수국을 와이어 피어싱, 플로랄테이핑 작업한다. (와이어 기법 13p, 플로랄테이핑 19p 참조) 마리안느와 카네이션을 가운데 부분에 꽂아준다.

4 ————————————————

마리안느와 카네이션을 가운데 부분에 꽂아준다.

5 ————————————————

수국과 컬러 안개꽃도 화기에 채워지도록 꽂는다.

6 ————————————————

나비 금속픽을 중심에 포인트로 꽂아준다. 모스에 고정이
잘되도록 글루를 이용해 붙인다.

7 ————————————————

거치대를 걸어서 고정시켜 완성한다.

당신에게 내 진심을 드리는

유리수반

유리수반에 청량감을 주는 선명한 블루컬러의 장미와 내추럴한 유칼립투스, 진한 그린 색의 버튼플라워를 넣어서 아담하고 소박한 이미지를 주었다. 톤앤톤이나 톤업톤으로 안정감을 주거나 포인트 되는 컬러의 큰 꽃을 사용해도 좋다.

준비물

유칼립투스, 장미, 카나리, 실버데이지, 버튼플라워

도구 핀셋, 가위

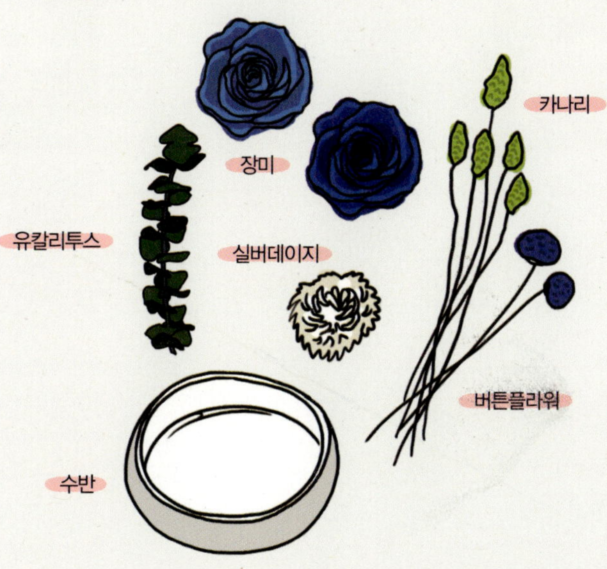

---

color

#차가운 # 심플한 # 개성적인

Tone / 연한 톤(Pale) / 밝은 톤(Bright) / 둔탁한 톤(Dull) / 진한 톤(Deep)

Main Color / 브라이트블루 / 사파이어블루 / 라이트레몬

Complementary / 로열퍼플 / 그린 / 파인그린 / 화이트

1 ───

장미와 실버데이지를 와이어 피어싱, 플로랄테이핑 작업한다. (와이어 기법 13p, 플로랄테이핑 처리법 19p 참조)

2 ───

유칼립투스를 수반 바닥에 낮고 풍성하게 꽂아준다.

3

장미를 가운데 사선으로 살짝 높낮이를 주면서 그룹 지어
꽂는다.

Tip

사선으로 자르면 오아시스에 잘 꽂힌다. 유리 수반의 높이에 맞춰 수반
에 담긴 느낌으로 꽂아 연출한다.

4

실버데이지는 가운데 장미 사이에 꽂아준다.

5

카나리, 버튼플라워는 장미와 유칼립투스 사이사이에 조금씩 높낮이를 주어 꽂아 마무리한다.

섬세한 손길이 만든 햇살
진주유리 센터 피스

기존의 유리수반보다 좀 더 입체적인 느낌이 들도록 유리수반을 겹쳐 디자인하였다. 진주를 넣어서 진주 특유의 우아하고 고급스럽고 무게감 있는 느낌을 주었다. 센터피스를 포함한 공간장식에 손색이 없다. 유리수반은 특히 여름에 많이 사용되지만 계절별로 나오는 소재들로 연출하면 사계절 내내 맞스럽다.

How to make

유리수반(중간 혹은 작은 사이즈), 진주(컬러별), 장미, 라이스플라워, 실버데이지, 플로렌티나

도구 오아시스, 와이어, 플로랄테이프, 가위

--- color ---

#아이스크림같은 #차가운 #부드러운 #깨끗한

Tone / 연한 톤(Pale) / 옅은 톤(Light)

Main Color / 샤벳그린

Complementary / 아이스레몬 / 파스텔옐로우 / 아쿠아블루

1 

작은 유리수반에 오아시스를 잘라서 2/3 정도 붙여준다.

2 

라이스플라워 가지를 오아시스 높이로 자른다.

3 

오아시스를 고정시킨 유리수반 안에 라이스플라워 가지를 돌려가며 세워준다.

4

장미와 라이스플라워를 와이어 피어싱, 플로랄테이프 작업을 한다. (와이어 기법 13p, 플로랄테이핑 19p 참조)

5

장미를 사선으로 잘라서 가운데 꽂아준다.

Tip

가운데 장미 높이보다 살짝 낮게 꽂아준다.

6

가운데 장미를 기준으로 사선으로 라운드 형태로 장미를 꽂는다.

7

장미 사이에 실버데이지와 라이스플라워를 꽂아준다.

8

작은 유리수반을 큰 유리수반에 넣어준다.

9

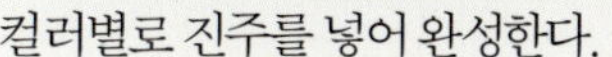

컬러별로 진주를 넣어 완성한다.

Tip
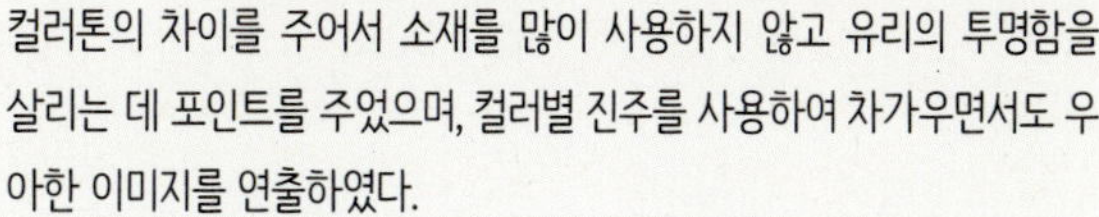

컬러톤의 차이를 주어서 소재를 많이 사용하지 않고 유리의 투명함을 살리는 데 포인트를 주었으며, 컬러별 진주를 사용하여 차가우면서도 우아한 이미지를 연출하였다.

목화 솔방울 리스

'어머니의 사랑'이라는 꽃말을 가진 목화는 따뜻함과 몽글몽글한 귀여운 느낌의 소재로, 가을이 시작하는 무렵부터 찾는 사람들이 많아진다. 몇 년 전 드라마 '도깨비'에서 목화 꽃다발이 나와 인기가 많아지면서 목화를 활용한 상품도 다양해졌다. 목화 그대로를 꽃 병에 무심히 꽂아놓아도 멋스럽고, 벽에 노끈을 이용해서 걸어 연출해도 좋다. 다양하게 연출하기 좋은 목화의 인기는 앞으로도 식지 않을 것 같다.

How to make

리스틀, 목화, 솔방울, 편백나뭇잎, 고사리잎, 라스라스

도구 리본, 글루건, 플로랄테이프, 가위

---

color

\# 클래식한 \# 멋스러움 \# 깊이 있는 \# 분위기 있는

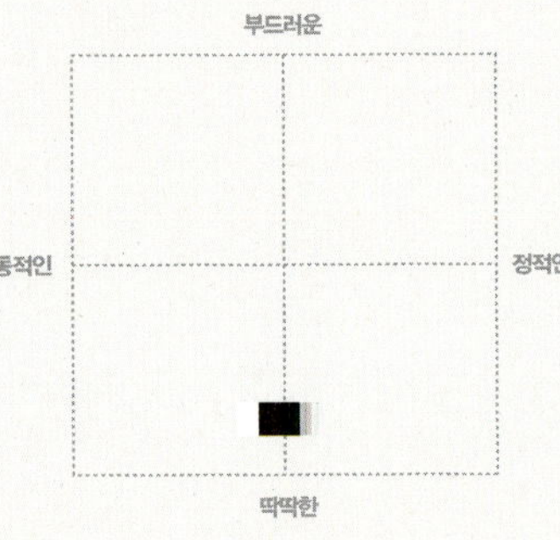

Tone / 진한 톤(Deep) / 어두운 톤(Dark) / 밝은 회색톤(Light Grayish)

Main Color / 화이트 / 다크브라운 / 버건디 / 파인그린

Complementary / 라이트그레이 / 스모키핑크

1

리스틀을 2/3 정도 잘라준다.

2

잘라놓은 리스틀에 중심에 목화를 붙인다.

3

목화 옆에 솔방울도 붙여준다.

Tip

목화는 네 부분으로 나뉘어있고 속에는 씨가 들어있다. 떼어내서 눈송
이처럼 동그랗게 만들 수 있고, 받침도 떼어서 다양하게 연출 가능하다.

4 —————

목화 옆에 편백잎을 밑으로 해서 붙인다.

5 —————

미니펀을 리스틀 위쪽 방향으로 붙여준다.

6 —————

라그라스, 스타플라워 소재를 사이사이에 붙인다.

7

목화를 잘라서 눈송이처럼 사이에 붙여주고 소재들을 채워나간다. 가운데 부분에 좀더 풍성하게 소재들을 붙여준다.

8

리스틀을 자른 자리에 플로랄테이프를 감는다.

9

양쪽에 리본을 묶어 리본 고리를 만들어주고 마무리한다.

Tip

기존의 리스틀 그대로를 이용하지 않고 리스틀을 잘라 리본을 연결해주면 가랜드 느낌도 들고 목화 소재를 한층 돋보이는 디자인을 연출할 수 있다.

Dreyfus, Jean Cl
John Burningh
Michel Fraisse and zu
nes Atelier und zu
Entgegenkommens „Lou souléou
).
nous font défaut pour exprim
usement accueillis pendant nos séjours
mettre de mentionner l'hospitalité que
Claude Brialy, Timothy Hennessy, Siki de S
ngham et Helen Oxenbury, et de remercier Michel F
qui nous ont donné libre accès à l'atelier de Cézann
tral. Grâce à eux, « Lou souléou me fai canta ».
bara & René Stoeltie
PAGE 2: In François Halard's house, the
sun cannot penetrate the jalousie shutters.
SEITE 2: Im Wohnhaus von François Ha-
lard gelingt es den Sonnenstrahlen nicht,
durch die Fensterläden zu schlüpfen.
PAGE 2: Dans la demeure de F
Halard le soleil n'arrive pas à se f
entre les volets à jalousi
PAGE 4: Garlic a
pical Provençal
SEITE 4: K
Wa typi Provo
l'ail que l'on a m

Foreign Copyright:
Joonwon Lee
Address: 10, Simhaksan-ro, Seopae-dong, Paju-si, Kyunggi-do,
　　　　 Korea
Telephone: 82-2-3142-4151
E-mail: jwlee@cyber.co.kr

일상을 아름답게 피우는 꽃에 꽂히다

프리저브드 플라워

2018. 1. 18. 초 판 1쇄 인쇄
2018. 1. 24. 초 판 1쇄 발행

저자와의
협의하에
검인생략

지은이 | 이주희
펴낸이 | 이종춘
펴낸곳 | BM 주식회사 성안당
주소 | 04032 서울시 마포구 양화로 127 첨단빌딩 5층(출판기획 R&D 센터)
　　　 10881 경기도 파주시 문발로 112 출판문화정보산업단지(제작 및 물류)
전화 | 02) 3142-0036
　　　 031) 950-6300
팩스 | 031) 955-0510
등록 | 1973. 2. 1. 제406-2005-000046호
출판사 홈페이지 | **www.cyber.co.kr**
ISBN | 978-89-315-8181-2 (13630)
정가 | **19,800원**

이 책을 만든 사람들
책임 | 최옥현
기획·진행 | 정지현
표지·본문 디자인 | 디박스
홍보 | 박연주
국제부 | 이선민, 조혜란, 김해영
마케팅 | 구본철, 차정욱, 나진호, 이동후, 강호묵
제작 | 김유석

■ **도서 A/S 안내**

성안당에서 발행하는 모든 도서는 저자와 출판사, 그리고 독자가 함께 만들어 나갑니다.
좋은 책을 펴내기 위해 많은 노력을 기울이고 있습니다. 혹시라도 내용상의 오류나 오탈자 등이
발견되면 **"좋은 책은 나라의 보배"**로서 우리 모두가 함께 만들어 간다는 마음으로 연락주시기
바랍니다. 수정 보완하여 더 나은 책이 되도록 최선을 다하겠습니다.
성안당은 늘 독자 여러분들의 소중한 의견을 기다리고 있습니다. 좋은 의견을 보내주시는 분께는
성안당 쇼핑몰의 포인트(3,000포인트)를 적립해 드립니다.

잘못 만들어진 책이나 부록 등이 파손된 경우에는 교환해 드립니다.